GU Kompass
Heilen mit Kristallsalz

*Beschwerden von A–Z
natürlich behandeln*

EIN WORT ZUVOR

Die heilsame Wirkung von Salz und Wasser ist schon seit 6000 Jahren bekannt – bereits damals wurden die gesundheitsfördernden Kräfte von Himalajakristallsalz in Indien genutzt. Doch warum gerade Wasser und Salz als Therapieform? Die Antwort ist denkbar einfach: Weil wir aus dem Meer stammen und in unseren Körperflüssigkeiten noch immer diesen Ursprung widerspiegeln. Letztlich bestehen wir aus Wasser und Salz, und unser Körper benötigt genau die in Wasser und Kristallsalz enthaltenen Elemente zum Leben.
Unsere Vorfahren bezeichneten das Kristallsalz als Königssalz oder weißes Gold. Es war bei ihnen sehr begehrt, denn sie wussten um die optimale Verwertbarkeit und die große Heilkraft dieses Schatzes der Natur, mit dem uns heute wie damals ein Lebensmittel mit energetisierender und heilender Kraft zur Verfügung steht.

Für den Alltag ist Kristallsalz von unschätzbarem Wert, weil sich in dieser natürlichen Substanz eine ganze Haus- und Notfallapotheke versteckt: Es wirkt effektiv, ist leicht und schnell anwendbar und kann deshalb in vielen kleinen Notlagen hilfreich sein – ohne Nebenwirkungen. Doch auch bei schwereren Erkrankungen ist es unter der Anleitung eines Arztes oder Heilpraktikers ein ausgezeichnetes Heilmittel.

Die verschiedenen Anwendungsformen und -gebiete für Kristallsalz stehen im Mittelpunkt dieses Buches. Dabei soll Ihnen das Wirkprinzip von Salz und Wasser näher gebracht werden. Mein Tipp: Experimentieren Sie damit und erleben Sie deren wohltuende Kräfte. Ich wünsche Ihnen viel Erfolg und Freude dabei.

Gabriele Zimmermann

INHALT

Ein Wort zuvor	*2*
Wasser und Salz als Träger von Lebensenergie	*4*
Wasser – die Basis	*6*
Salz – Beginn und Ende allen Lebens	*11*
Sole – eine höhere Energieform	*16*
Anwendungen mit Kristallsalz	*18*
Beschwerden von A–Z	*40*
Zum Nachschlagen	*94*
Bücher, die weiterhelfen	94
Adressen, die weiterhelfen	94
Beschwerden- und Sachregister	95

Wasser und Salz als Träger von Lebensenergie

Um die Wirkung und Bedeutung von Wasser und Salz verstehen zu können, muss uns zuerst einmal klar sein, was wir von einem Lebensmittel erwarten können.

»Lebens-Mittel«

Wie der Name schon sagt, soll ein Lebensmittel Leben vermitteln und Lebensenergie spenden. Es ist der Träger von Informationen, die der Körper dringend zum Leben benötigt. Diese Informationen sind mittels einer spezifischen Anordnung der Moleküle in der Trägersubstanz – dem Lebensmittel – gespeichert. Verändert man dessen molekulare Struktur, indem man es kocht, pasteurisiert oder einfriert, vermindert das den Energiegehalt des Lebensmittels. An seinem Kaloriengehalt ändert sich zwar nichts, jedoch verliert es seinen Wert als Träger lebendiger Energie, da der Anteil lebensfördernder Informationen durch die Behandlung abnimmt. Im schlimmsten Fall benötigt der Körper für die Verdauung eines solchen energetisch wertlos gewordenen Nahrungsmittels jetzt mehr Energie, als es ihm liefern kann. Das Endergebnis ist ein Defizit an Lebensenergie bei einem Überangebot an »leeren Kalorien«.

Es geht also darum, die Lebendigkeit unserer Nahrung zu erhalten. Deshalb sollten die Lebensmittel so unverändert und natürlich wie möglich belassen werden. Dies gilt in besonderem Maße für das Wasser als Lebensmittel Nr. 1 – und für das Salz, das dem Körper täglich zugeführt werden muss. Schließlich besteht der menschliche Körper aus Wasser und Salz (siehe Seite 11).

Wasser und Salz als Träger von Lebensenergie

WAS IST KRANKHEIT?

Um Gesundheit und Leben aufrechtzuerhalten, benötigt der Mensch Energie in Form von lebensspendenden spezifischen Informationen. Fehlt es an dieser Energie, gerät der Körper oder ein Teil davon aus seiner ursprünglichen Ordnung in einen chaotischen Zustand, den man Krankheit nennt. Wird der Energiemangel zu groß, können die Selbstheilungskräfte das Gleichgewicht im Körper nicht mehr aufrechterhalten: Man entwickelt ein Symptom als Zeichen dafür, dass es grundsätzlich an Lebensenergie fehlt. Wer dann wieder gesund werden möchte, muss wissen, welche Informationen nötig sind, um den Zustand der Ordnung – und damit der Gesundheit – wiederzuerlangen. Hier können lebendiges Wasser und Kristallsalz helfen und heilen, da sie die Lebensenergie liefern, die dem Körper fehlt.

WASSER UND SALZ – BAUSTEINE DES KÖRPERS

Der menschliche Körper besteht zu zwei Dritteln aus Wasser, in dem Salze in einem relativ konstanten Verhältnis gelöst sind. Doch nur wenn das Verhältnis von Wasser und Salzen optimal ist, kann unser Stoffwechsel reibungslos ablaufen.
Im Kristallsalz sind – bis auf die Edelgase – alle Elemente des Periodensystems zu finden. Diese 84 Elemente sind auch im menschlichen Körper nachzuweisen. Wasser und Salz besitzen eine perfekte kristalline Gitterstruktur, in der alle für unseren Körper lebensnotwendigen Informationen gespeichert sind. Beim Wasser besteht die Struktur aus den Elementen Wasserstoff und Sauerstoff und ist in Tetraedern (pyramidenförmig) aufgebaut. Im Kristallgitter von Salz hingegen sind Natrium und Chlor kubisch, also würfelförmig, angeordnet.

Wasser – die Basis

Wasser erfüllt unzählige Aufgaben im menschlichen Körper: Es ist ein Körperbaustein, es befördert Nährstoffe und körpereigene Substanzen an den Ort, an dem sie gebraucht werden, es hält alle wasserlöslichen lebensnotwendigen Stoffe im Gleichgewicht und transportiert Stoffwechselprodukte aus Zelle und Körper ab. Ohne tägliche Wassererneuerung würde unser Körper an seinen eigenen Abfallprodukten »ersticken«. Besonders wasserreich ist unser Gehirn – um konzentriert und effektiv denken zu können, muss auch hier die Wassermenge stimmen. Ein weiterer wichtiger Punkt: Wasser kann Energie in Form von Frequenzmustern speichern und an uns weitergeben. So unterstützt natürliches lebendiges Wasser unsere Selbstheilungskräfte.

Unser Trinkwasser

Leider ist die Zeit vorbei, in der man sich keine Sorgen ums Trinkwasser machen musste. Viele natürliche Quellen sind versiegt, häufig wird Wasser, bevor es seinen natürlichen Kreislauf beendet hat, tief aus der Erde geholt, durch Rohrleitungen gepresst oder mit Chemikalien versetzt und dann als Trinkwasser angeboten. Das Wasser, das aus den Wasserhähnen fließt, wird zusätzlich durch Filter und Kläranlagen von (einigen) schädlichen Stoffen gereinigt. Doch es liegt der Verdacht nahe, dass Trinkwasser trotzdem noch viele weitere Substanzen enthält, auf die es entweder nicht untersucht wird oder die uns noch unbekannt sind. Diese Stoffe gehören nicht ins Trinkwasser, da sie dem Körper auf Dauer Schaden zufügen. Zudem verliert das Wasser durch den Druck in den Leitungsrohren seine kristalline Struktur – es wird am

Wasser – die Basis

natürlichen Mäandern gehindert – und büßt damit seine Energie ein. So ist es nicht verwunderlich, dass der Trend hin zu Wasseraufbereitungsgeräten geht, die das Wasser filtern oder energetisieren sollen. Wenn nicht mehr ausreichend natürliches, lebendiges Quellwasser zur Verfügung steht, muss man eben neue Wege finden, um dem Körper täglich die benötigte Menge an energiespendendem Wasser zukommen zu lassen.

Dabei gibt es verschiedene Möglichkeiten Wasser aufzubereiten: Bei einer biochemischen Reinigung durch Filter, Ionenaustauscher, durch Dampfdestillation oder Umkehrosmose wird das Wasser zwar von Schadstoffen gereinigt, bleibt aber energetisch arm. Für diese Methoden werden jeweils Geräte in verschiedenen Ausführungen angeboten. Hinzu kommen Wasserbelebungsgeräte aller Art, die das Wasser energetisieren, sodass es seine kristalline Struktur mehr oder weniger zurückerhält. Wer sauberes und zugleich energiereiches Wasser möchte, muss allerdings beide Methoden kombinieren, also das Wasser zuerst durch Filterung oder Osmose reinigen und anschließend energetisieren.

Tipp:

Wer Wasser einfach und kostengünstig energetisieren möchte, legt einige Bergkristalle oder andere Quarzkristalle in einen Glaskrug mit Leitungswasser. Die Kristalle können aber auch durch pflanzliche Materialien, zum Beispiel ein Stück frische Ingwerwurzel, ersetzt werden. Je länger das Wasser Kontakt mit den Kristallen oder Pflanzenteilen hatte, umso haltbarer ist die dabei entstandene kristalline Struktur.

All dies ist nicht notwendig, wenn ein natürliches Quellwasser zur Verfügung steht, das ohne Mithilfe des Menschen an die Oberfläche der Erde tritt. Dieses Wasser nennt man reif, denn es hat bereits seinen natürlichen

Reinigungs- und Energetisierungszyklus vollendet. Während es jahrzehntelang durch die Erde geflossen ist, konnte es durch die Informationen des umgebenden Gesteins seine perfekte kristalline Struktur entwickeln. Nur ein solches reifes Wasser ist fähig, uns lebendige und heilsame Energie zu liefern.

> **VERSCHIEDENE ARTEN VON WASSER:**
> - **Tafelwasser:** Leitungswasser (selten Quellwasser), mit Mineralsalzen, Meerwasser oder Kohlensäure versetzt.
> - **Quellwasser:** Wasser unterirdischer Herkunft, direkt an einer natürlichen Quelle abgefüllt, das keine vorgeschriebene Mindestmenge an Mineralien oder Spurenelementen enthalten, aber den Richtlinien für Trinkwasser entsprechen muss.
> - **Mineralwasser:** an einer natürlichen Quelle abgefülltes Wasser mit hohem Mineralgehalt, das amtlich anerkannt sein muss.
> - **Heilwasser:** mineralreiches Wasser, das durch das Verhältnis der enthaltenen Mineralien positiv auf bestimmte Krankheiten wirkt und dem deutschen Arzneimittelgesetz unterliegt.

TRINKEN – ABER RICHTIG

Zur Aufrechterhaltung aller Körperfunktionen sollte ein gesunder Erwachsener täglich mindestens 1,5 bis 2 Liter Wasser trinken. Diese Menge muss bei Krankheit, Durchfall, körperlicher Arbeit, Sport, Sauna, sommerlicher Hitze oder wenn man entgiften möchte entsprechend erhöht werden. Mangelndes Durstgefühl ist übrigens kein Zeichen für weniger Bedarf, höchstens für jahrelangen Flüssigkeitsmangel, wodurch das Durstgefühl verloren geht. Dies ist vor allem für ältere Menschen typisch, die

Wasser – die Basis

oft zu wenig trinken. Dabei wäre eine ausreichende Trinkmenge gerade für sie wichtig, da sie anfälliger für Krankheiten sind, meist schon eine Verschlackung vorliegt und sie stärker zur Faltenbildung neigen als Jugendliche.

Auf die Qualität kommt es an

Nicht nur die Wassermenge, sondern auch die Wasserqualität ist ausschlaggebend. Viele Menschen trinken Mineralwasser, weil sie glauben, damit ihren Mineralbedarf decken zu können. Doch liegen die Mineralien im Mineralwasser meist in anorganischer Form vor, sie sind also nicht in einen lebenden Organismus eingebaut und können deshalb vom Körper nur schwer aufgenommen werden. Sie können sich das so vorstellen, als wenn Sie versuchen würden, Ihren Bedarf an Spurenelementen durch den Verzehr von gemahlenen Steinen zu decken. Die Teilchen sind einfach noch zu groß und deshalb für unsere Zellen kaum verwertbar.

Wesentlich besser bioverfügbar sind organisch gebundene Mineralien, was bedeutet, dass die Mineralien bereits durch eine Pflanze oder ein Tier »vorverdaut« sind. Deshalb sollten Sie Ihren Mineralienbedarf über mineralienreiche Pflanzen decken – oder zum Kristallsalz greifen. Dort liegen Mineralien und Spurenelemente in kolloidaler, für den Menschen verwertbarer Form vor.

HINWEIS:

Kolloide sind die kleinsten Teilchen, in die Materie zerlegbar ist, ohne dass dabei die spezifischen Eigenschaften verloren gehen. Die nächste Stufe der Zerkleinerung wären Atome. Kolloide sind in Wasser gelöst und tragen eine elektrische Ladung, durch die sich die Partikel gegenseitig in der Schwebe halten. Kolloidal gelöste Stoffe sind so fein verteilt, dass sie sich nicht im Gewebe absetzen, sondern den Körperzellen unmittelbar und wirkungsvoll zur Verfügung stehen.

Mineralwässer enthalten häufig viele Spurenelemente. Das kann für den Organismus sogar zur Belastung werden, da diese anorganischen Mineralien wieder aus dem Körper geschafft werden müssen. Gelingt dies nicht, besteht die Gefahr, dass sie sich im Gewebe ablagern oder zur Arterienverkalkung führen.

Das Optimum

Was der Körper wirklich braucht, ist energiereiches Wasser mit nur wenigen Mineralien, das durch den geringen Gehalt an darin gelösten Stoffen die Transport- und Reinigungsfunktion am besten erfüllen kann. Diese Voraussetzungen erfüllt ein mineralarmes Quellwasser, das mit eigenem Druck erst dann an die Erdoberfläche tritt, wenn es wirklich reif ist. Dieses Wasser hat seinen jahrzehnte- bis jahrhundertelangen Weg durch das Gestein hinter sich und ist nun reif: gereinigt, keimfrei und voller Lebensenergie. Eine solche Quelle nennt man Arteserquelle. Das Quellwasser sollte kohlensäurefrei in Glasflaschen abgefüllt sein.

Die schlechteste Lösung

Wer meint, seinen Flüssigkeitsbedarf über Säfte, Limonaden, schwarzen Tee, Kaffee oder alkoholische Getränke decken zu können, liegt falsch. Zucker, Alkohol und Koffein geben der Niere das Signal zum Entwässern. Dadurch verliert der Körper Wasser, anstatt es für den Stoffwechsel zu nutzen. Im Klartext heißt das: Für jede Tasse Kaffee müssen zwei Tassen Wasser getrunken werden, um den Wasserverlust auszugleichen. Hinzu kommt, dass das Wasser, das Sie trinken, den Körper auch von innen »reinigen« soll. Und Sie benutzen doch sicherlich auch kein Bier, um Ihre Fenster zu putzen, oder waschen Ihren Pulli mit Orangensaft. Zudem ist allein reines Wasser sofort für den Körper verfügbar – alle anderen Getränke müssen zuerst noch verstoffwechselt werden, was wiederum Energie verbraucht.

Salz – Beginn und Ende allen Lebens

Natürliches Salz beinhaltet alle 84 Elemente, aus denen unser Körper besteht – und letztendlich setzt sich unser Körper aus Wasser und Salz zusammen. Salz ist die Form der Materie, die unter Zuhilfenahme von Wasser und Licht Leben entstehen lässt, und es ist die letzte Form, die übrig bleibt, wenn sich das Leben wieder auflöst.

Ohne Salz geht nichts!

Salz ist lebensnotwendig für den menschlichen Stoffwechsel. Die Salzkonzentration inner- und außerhalb der Zellen reguliert den Flüssigkeitshaushalt. Ein unterschiedlicher Salzgehalt von Zellumgebung und Zelle erzeugt den so genannten osmotischen Druck, der Wasser in die Zelle oder aus ihr heraus befördert. Dadurch bleibt das Gleichgewicht zwischen Zell- und Umgebungsflüssigkeit erhalten. Es kommt dabei zu Wasserverschiebungen, bei denen Nährstoffe in die Zellen und Stoffwechselschlacken aus ihnen abtransportiert werden.

Verschiedene Arten von Salz

Salz ist nicht gleich Salz – die verschiedenen Arten unterscheiden sich durch Struktur, Farbe, Qualität, Inhaltsstoffe und nicht zuletzt durch den Preis.

Kochsalz
Die bekannteste Salzart ist das Kochsalz, das uns das Zeitalter der Industrialisierung beschert hat. Für industrielle Zwecke wird nämlich reines Natriumchlorid benötigt,

weswegen die restlichen 82 Elemente aus dem natürlichen Salz entfernt werden. Dieses 2-Elemente-Salz landet bis heute als Kochsalz in unseren Küchen und besitzt nichts mehr von der energiespendenden und neutralisierenden Kraft des »weißen Goldes«.

KOCHSALZ UND SEINE FOLGEN

Kochsalz ist eine aggressiv wirkende Substanz, die versucht, sich mit ihren natürlichen Gegenspielern zu verbinden: Reines Natriumchlorid bindet andere Mineralien und Spurenelemente an sich, die dem Körper damit nicht mehr zur Verfügung stehen. Nehmen wir reines Natriumchlorid mit unseren Speisen auf, versucht der Körper, diesen aggressiven Stoff zu neutralisieren. Dieser Vorgang kostet unsere Zellen wertvolles Wasser. Jetzt müssen die neutralisierten Elemente schließlich noch ausgeschieden werden, was sehr häufig nicht gelingt, da die Ausscheidungsorgane überlastet sind. In diesem Fall wird das neutralisierte Natriumchlorid abgelagert, wodurch es zu Wasseransammlungen kommt. Wird dem Körper ein Übermaß an Kochsalz zugeführt, verbindet sich das Salz mit Harnsäure, die durch den Verzehr von Eiweiß anfällt. Dabei entstehen Kristalle, die sich in Gelenken ablagern oder zu Nieren- und Gallensteinen werden. Doch auch die vielfältigen Zusätze wie Rieselhilfen oder nicht organisch gebundenes Jod beziehungsweise. Fluor sind gesundheitlich problematisch.

Meersalz

In naturbelassenem Meersalz stehen uns alle 84 Elemente zur Verfügung. Für die Gewinnung wird Meerwasser in Salzgärten geleitet, wo das Salz durch Sonne und Luftbewegung auskristallisiert und einfach abgeschöpft werden kann. Der Nachteil von Meersalz ist die Belastung durch Gifte und Schwermetalle. Zudem raffinieren viele Hersteller auch das Meersalz, sodass seine Wirkung dem des Kochsalzes entspricht.

Salz – Beginn und Ende allen Lebens

Steinsalz
In Salzbergwerken wird größtenteils Steinsalz gefördert. Diese Salzvorkommen stammen aus dem vor etwa 250 Millionen Jahren ausgetrockneten Urmeer. Auch hier sind alle 84 Elemente eines natürlichen Salzes vorhanden. Da der Druck bei der Entstehung jedoch nicht sehr hoch war, sind die Elemente nicht ausreichend in das Kristallgitter des Salzes eingebunden – ähnlich wie beim Mineralwasser sind die Mineralien und Spurenelemente zu grobstofflich, wodurch sie unseren Zellen nur von geringem Nutzen sein können.

Kristallsalz
Durch das graue Steinsalz der Salzbergwerke ziehen sich unregelmäßige Adern von transparentem gelb, orange, rosa, blau oder violett getöntem Kristallsalz. Die unterschiedlich gefärbten Salze variieren in Intensität und Wirkung. Am häufigsten wird orange getöntes Kristallsalz benutzt, die stärkste Wirkung erzielt man mit violetten Salzen, die nur sehr vorsichtig angewendet werden sollten.

Der Name »Kristallsalz« ist irreführend, denn natürlich ist jedes Salz kristallin. Korrekte Bezeichnungen sind »kristallines Steinsalz«, »Haut« oder »reines Halit«. Früher war Steinsalz auch unter dem Namen »Königssalz« bekannt – ein untrügliches Zeichen dafür, dass es rar und deshalb den Reichen vorbehalten war. Im Kristallsalz liegen die 84 enthaltenen Elemente komprimiert und in einer Teilchengröße vor, die von menschlichen Zellen gut aufgenommen werden kann. Die kolloidale Form der Elemente, die hohe Ordnung und Struktur des Salzes und die damit verbundene hohe energetische Qualität bieten die besten Voraussetzungen, uns mit allen notwendigen und zum Teil seltenen Mineralien zu versorgen und dadurch unser Energieniveau einfach und effektiv zu erhöhen.

RAR UND DESHALB TEUER

Der Preis von Kristallsalz ist im Vergleich zu Stein- oder Meersalz hoch. Das hat vor allem zwei Gründe: Kristallsalzvorkommen sind selten und können nur per Hand abgebaut werden, da sich die Adern fein durch das Steinsalz ziehen. Das Kristallsalz, das vor einigen Jahren als Erstes unter der Bezeichnung Himalaja-Kristallsalz auf den Markt kam, stammt übrigens aus einer Mine im Karakorum-Gebirge in Nordpakistan und wird heute unter dem Namen Hunza-Salz vertrieben.

Wer Kristallsalz kaufen möchte, sollte kritisch sein, denn immer mehr Händler behaupten, ihr Salz stamme aus dem Himalaja. Doch es gibt inzwischen auch Meldungen, dass einige ihr Salz aus anderen Ländern beziehen, dass minderwertiges Streusalz verkauft wurde oder dass es sich um Bruchsalz von Salzlampen handelt. Diese Salze sind meist industriell abgebaut und können stark mit Steinsalz verunreinigt sein.

HERKUNFT UND QUALITÄT – VERTRAUENSSACHE

Selbstverständlich gibt es nicht nur ein Kristallsalz aus einer einzigen Mine, das qualitativ höchsten Ansprüchen genügen könnte. Ein Salz aus Polen oder Deutschland kann ebenfalls hervorragende Dienste leisten. So gibt es auch in Deutschland Salzbergwerke, wie etwa in Berchtesgaden, in denen hochwertiges Kristallsalz zu finden ist. Doch leider lohnt sich hier der Abbau aufgrund der hohen Personalkosten nicht.

Für den Laien ist es schwierig, die Qualität unterschiedlicher Kristallsalze zu beurteilen. Scheuen Sie sich deshalb nicht, Ihrem Händler einige unbequeme Fragen in Bezug auf Herkunft, Abbau per Hand oder Nutzung von Maschinen, eventuell eingesetzte Kinderarbeit, Größe und Zugänglichkeit des Vorkommens sowie Reinheit und Analysen, vor allem biophysikalische Messungen, zu stellen. Ihnen sollte auch klar sein, dass die Zusammensetzung und Qualität des Kristallsalzes aus ein und derselben Mine

Salz – Beginn und Ende allen Lebens

je nach Lieferung unterschiedlich sein kann. Selbst bei Gütesiegeln ist Skepsis angebracht, denn wofür wurde das Gütesiegel verliehen? Häufig bezieht es sich nur darauf, dass alle Kriterien eines Speisesalzes erfüllt werden … was nicht gerade eine Kaufempfehlung für Kristallsalz ist! Wer sicher sein will, dass sein Kristallsalz tatsächlich hochwertig ist, sollte es von einem Kinesiologen oder mit einem anderen Testverfahren für sich austesten lassen.

GEFAHREN DES SALZES

Auch Meer- und Kristallsalz sollte man nicht bedenkenlos in großen Mengen zu sich nehmen. Wer Kristallsalz aus gesundheitlichen Gründen nutzen will, dem sollte klar sein, dass es bei der innerlichen Anwendung weniger auf die Menge, sondern vielmehr auf die Regelmäßigkeit der Einnahme ankommt. Dabei gilt: Kein Mensch ist wie der andere, und nicht jeder wird von einer Anwendung mit Kristallsalz profitieren.
Wer zum Frieren neigt, sollte Sole-Trinkkuren nur für einige Wochen und dann auch nur in niedriger Dosierung durchführen. Gleichzeitig sollten Sie für den nötigen Wärmeausgleich sorgen, zum Beispiel durch wärmende Gewürze wie Zimt und Vanille, da Salz nach der chinesischen Fünf-Elemente-Lehre kühlt. Häufig ist vor allem bei Frauen auch ein Energiemangel des Milzmeridians festzustellen, den man an kalten Händen, blasser Gesichtsfarbe, Wasseransammlungen, Zellulite, breiigem Stuhl und Heißhunger auf Süßes erkennt. In diesem Fall Salz sparsam verwenden, um die Symptome nicht zu verstärken.

Menschen mit Herz-Kreislauf-Erkrankungen, Bluthochdruck oder Nierenproblemen sollten eine Sole-Trinkkur nur mit Einverständnis ihres behandelnden Arztes oder Heilpraktikers durchführen.

SOLE – EINE HÖHERE ENERGIEFORM

Wenn Wasser und Salz sich verbinden, verändert sich die geometrische Struktur beider Substanzen und es entsteht die so genannte Sole. Das Salz zerfällt in seine Ionen, die von den polarisierten Teilen der Wassermoleküle umschlossen werden. Durch diese Ionisierung wird die Energie von Wasser und Salz freigesetzt und für uns verwertbar. Das in der Sole enthaltene Salz muss im Körper nicht verstoffwechselt werden, seine Energie steht uns sofort zur Verfügung – im Gegensatz zu anderen Nährstoffen wie etwa Stärke, die zuerst in Zucker umgewandelt werden muss. Wenn Sole verdunstet, erhalten wir das Salz in seiner Grundform zurück.

ENTSTEHUNG VON LEBEN AUS WASSER UND SALZ

Das erste Leben entstand aus dem Urmeer, aus dem Wechselspiel von Wasser, Salz und Sonnenlicht. Der Beweis dafür wurde inzwischen von einem amerikanischen Chemiker erbracht: Setzt man Sole einige Tage dem Sonnenlicht aus, werden Aminosäuren und organische Verbindungen aufgebaut. Aus Sonnenenergie, Wasser und Salz entstehen Eiweißbausteine, die mit Aminosäuren in unserem Körper identisch sind.

DAS MEER IN UNS

Aus dem Meer entstand also das Leben, und genau gesehen tragen wir dieses Meer auch in uns: Unser Blut ist eine einprozentige Sole, ebenso wie viele andere Körperflüssigkeiten, darunter auch das Fruchtwasser, in dem ein neuer Mensch heranwächst: Es besteht zu 99 Prozent aus Wasser und zu einem Prozent aus Salz, das Gleiche gilt für menschliche Samenzellen.

HEILWIRKUNG DER KRISTALLSOLE

Konzentrierte Kristallsole besteht zu etwa 74 Prozent aus Wasser und zu 26 Prozent aus Kristallsalz. In Wasser gelöst liegt Salz in ionisierter Form vor und ist für den Körper sofort verfügbar und damit fähig, ein Energiedefizit auszugleichen. Da es alle Elemente enthält, die im menschlichen Körper zu finden sind, enthält es auch alle Frequenzmuster, die fehlen könnten.
Krankheit kann entstehen, wenn unsere Körperflüssigkeiten an Energie, das heißt an Ordnung und Struktur, verloren haben. Kristallsole bringt Wasser, sowohl innerhalb wie außerhalb eines lebendigen Organismus, in eine höhere kristalline Phase, sie erhöht den Energiespiegel und strukturiert unser Zellwasser. Damit ist sie fähig, bei jeder Befindlichkeitsstörung einen Impuls in Richtung Gesundheit zu geben. Selbstverständlich kann Kristallsalz allein nur selten eine schwere Krankheit heilen, aber Linderung und Unterstützung vermag sie in vielen Fällen zu geben.

Gut für Säure-Basen-Balance und Hauterkrankungen

Sole ist wunderbar geeignet, Ablagerungen von Säuren, Giften und Schwermetallen aufzulösen und dadurch den Säure-Basen-Haushalt zu harmonisieren. Gewebeübersäuerung ist eine der häufigsten Ursachen für viele der so genannten Zivilisationserkrankungen.
Prädestiniert sind Soleanwendungen aber auch zur Behandlung von Hauterkrankungen, eine Tatsache, welche die Schulmedizin schon lange erkannt hat.

ANWENDUNGEN MIT KRISTALLSALZ

Die Bandbreite der Anwendungsmöglichkeiten ist groß: Sie reicht von der innerlichen Anwendung über verschiedene Spülungen bis hin zu Kompressen, Einreibungen, Inhalationen und kosmetischen Anwendungen.

REGELMÄSSIGES TRINKEN VERDÜNNTER SOLE

Das Trinken der Kristallsole ist die am weitesten verbreitete Art der Verwendung von Kristallsalz. Nach der Einnahme wirkt die Schwingung der Kristallsole noch für etwa 24 Stunden im Körper nach, sodass bereits eine kleine Dosis täglich auf die Dauer schon viel in Richtung Gesundheit und Wohlbefinden bewegen kann. Der gesamte Verdauungstrakt wird angeregt, die Eigenbewegung von Magen und Darm zum Durchmischen und Transport des Nahrungsbreis wird angekurbelt, und die körpereigenen Abwehrkräfte werden gestärkt.

> **HERSTELLUNG VON KRISTALLSOLE:**
> Geben Sie einige Kristallsalz-Stücke in ein verschließbares Glas und gießen Sie mit hochwertigem, mineralarmem, kohlensäurefreiem Quellwasser auf. Das Kristallsalz löst sich innerhalb einer Stunde bis zu einer Solekonzentration von etwa 26 Prozent. Der Rest des Salzes bleibt ungelöst in der Sole zurück. Solange noch ungelöstes Kristallsalz im Glas ist, liegt 26-prozentige Sole vor, die immer wieder mit Wasser aufgegossen werden kann. Wenn sich alle Kristalle aufgelöst haben, frische Kristalle ins Glas geben – so können Sie sicher sein, dass die Sole immer gleich gesättigt ist.

Anwendungen mit Kristallsalz

> **TIPP:**
> Sie haben Zweifel an der energetischen Qualität Ihres Trinkwassers? Energetisieren Sie es, indem Sie einige Tropfen Kristallsole hineingeben, und lassen Sie die Mischung kurz ruhen, bevor Sie diese trinken.

Über die Sole erhält der Körper zudem alle Mineralien und Spurenelemente, die er benötigt – und das in einer Form, die er optimal aufnehmen kann.
Geben Sie einige Tropfen bis maximal 1 Teelöffel Kristallsole in 1 Glas Quellwasser. Trinken Sie diese Lösung morgens langsam auf nüchternen Magen. Wem das zu salzig ist, der kann die Sole in $1/2$ Liter Quellwasser geben und über den Tag verteilt trinken. Es kommt beim Soletrinken nicht so sehr auf eine besonders große Menge Sole an, sondern auf die Regelmäßigkeit der Einnahme. Nach sechs bis acht Wochen regelmäßigen Trinkens ist eine Pause von mindestens drei Wochen von Vorteil, damit sich der Körper nicht daran gewöhnt. Wenn Sie zum Frieren neigen, wählen Sie bitte eine niedrige Dosierung, um nicht noch mehr auszukühlen. Sprechen Sie, bevor Sie mit dem Soletrinken beginnen, mit Ihrem Arzt oder Heilpraktiker über Ihr Vorhaben.
Es besteht ergänzend zum Soletrinken die Möglichkeit, die Nahrung mit Sole oder mit gemahlenem Kristallsalz zu würzen, um auf diese Weise Kochsalz komplett aus dem Speiseplan zu streichen. So erzielen Sie den besten gesundheitlichen Effekt. Hinzu kommt, dass Kristallsalz feiner und weniger aggressiv als Kochsalz schmeckt – eine Tatsache, die inzwischen auch Sterneköche nutzen.

> **HINWEIS:**
> Sie haben Probleme mit Herz, Kreislauf oder Nieren? Dann bitte vorher mit dem behandelnden Arzt oder Heilpraktiker besprechen, ob eine Soletrinkkur für Sie in Frage kommt. Oft hilft eine Dosierung von zehn Tropfen pro Tag auch bei diesen Erkrankungen.

SALZKAUEN

Gegen Zahnfleischbluten, Parodontose, Zahnstein, Karies und Mundgeruch hilft Salzkauen. Dafür 1 knappen Teelöffel grobkörniges Kristallsalz in den Mund nehmen und mit etwas Wasser so lange kauen, bis sich das Salz aufgelöst hat. Unterstützt die Gesundheit des Zahnfleisches und das Gleichgewicht der Mundflora.

SPÜLUNGEN

Für eine Nasen-, Augen- oder Mundspülung erstellt man eine isotonische, das heißt eine etwa 1-prozentige Kristallsolelösung. Dafür etwa 1 Gramm Kristallsalz beziehungsweise 3 ml gesättigte Sole auf 100 ml lauwarmes Wasser geben. Diese Konzentration entspricht ungefähr der unserer Körperflüssigkeiten und brennt daher nicht auf der Schleimhaut.

> **DIE WICHTIGSTEN WERTE IM ÜBERBLICK:**
> - 1 Teelöffel konzentrierte Sole (4–5 ml) entspricht etwa 1,5 Gramm Kristallsalz.
> - 1 Esslöffel konzentrierte Sole (12–15 ml) entspricht etwa 4,5 Gramm Kristallsalz.
> - In 1 Liter konzentrierter Sole sind 264 Gramm Kristallsalz gelöst.
> - Zur Herstellung einer isotonischen (etwa 0,95-prozentigen) Sole-Lösung etwa 9,5 Gramm kristallines Salz in 1 Liter Wasser beziehungsweise 30 ml Sole in etwa 965 ml Wasser geben.

Nasenspülung
Bei Heuschnupfen, beginnender Erkältung, chronisch trockenen Schleimhäuten, Nebenhöhlenentzündung und Schnupfen kann eine Nasenspülung schnelle Linderung

bringen. Hier ist eine Nasendusche oder -kanne aus der Apotheke von Vorteil. Für die Spülung über ein Waschbecken beugen und die Öffnung der Nasenkanne an ein Nasenloch setzen. Den Kopf auf die andere Seite nach vorn beugen und die isotonische Sole durch Heben des Zeigefingers, der die obere Öffnung verschlossen hielt, ins Nasenloch hinein- und durch das andere wieder herauslaufen lassen. Mit dem anderen Nasenloch wiederholen. Wer keine Nasenkanne oder Ähnliches besitzt, kann die Solelösung auch direkt aus einem Gefäß in das Nasenloch hochziehen und wieder herauslaufen lassen; dabei das andere Nasenloch zuhalten.

Augenspülung

Bei trockenen, brennenden, entzündeten oder tränenden Augen bringt diese Anwendung mit 1-prozentiger Kristallsole schnelle Linderung. Sie ist mit einer »Augenbadewanne« aus der Apotheke leicht durchzuführen. Vor der Augenspülung müssen die Augen sorgfältig von Make-up gereinigt werden. Die Wanne mit Sole füllen und so fest an ein Auge anlegen, dass keine Sole herauslaufen kann. Den Kopf so weit nach hinten legen, bis das Auge komplett mit Sole bedeckt ist. Das Augenlid nun immer wieder öffnen und schließen und den Augapfel dabei kreisen lassen. Nach einigen Minuten absetzen, die Wanne mit frischer Sole füllen und das andere Auge ebenso behandeln.

Mundspülung

Bei Entzündungen im Mund, bei Mundgeruch und zur Verhinderung von Zahnstein 1 Schluck isotonische Solelösung in den Mund nehmen, hin und her bewegen und dabei Kaubewegungen machen. Bei Rachen- und Halsproblemen kann man mit Sole auch gurgeln. Dafür sollten Sie konzentrierte Sole benutzen, da sie am intensivsten wirkt. Wem das zu salzig ist, der bleibt bei 1-prozentiger Solelösung.

Darmspülung (Einlauf)

Ein Einlauf mit 1-prozentiger Solelösung entlastet den Dickdarm, entgiftet den Körper und gibt über Reflexzonen im Darm kräftige Impulse zur Selbstheilung in vielen anderen Körperregionen. Diese reflexologischen Beziehungen des Verdauungstrakts erklären auch, warum Darmspülungen einen derart günstigen Effekt auf viele Beschwerden haben, selbst wenn dabei nur wenig Darminhalt ausgespült wird. Bei Entgiftungskuren, beim Fasten, bei Erkältung und Grippe hilft ein täglicher Einlauf, bei chronischen Erkrankungen wie Rheuma wirkt sich ein Einlauf ein- bis zweimal pro Woche günstig aus. Fragen Sie Ihren Arzt oder Heilpraktiker.

Dafür 10 Gramm Kristallsalz in 1 Liter körperwarmem oder etwas wärmerem Quellwasser auflösen und mit Hilfe eines Irrigators einen Einlauf machen. Wichtig: Kein Leitungswasser benutzen! Die Solelösung wird so lange wie möglich, mindestens aber einige Minuten im Darm behalten, bevor dieser wieder entleert wird.

Vaginalspülung

Bei Pilzerkrankungen, Ausfluss, Jucken und Brennen der Vagina sowie bei trockener Scheide haben sich Vaginalspülungen bewährt. Dafür 1 Gramm Kristallsalz in 100 ml körperwarmem Quellwasser auflösen und die Scheide mit Hilfe eines Irrigators oder einer Spritze (ohne Kanüle) damit spülen. Die Behandlung je nach Grad der Störung maximal einmal täglich wiederholen.

SOLEBAD

Solebäder sind seit Jahrtausenden bei vielen Völkern bekannt – und auch unsere Bäderkultur basiert auf der Anwendung von Wasser und Salz. Das Baden in Kristallsole kann man sich als Bad in einem Energiemeer vorstellen:

Anwendungen mit Kristallsalz

Energetische Schwachstellen werden ausgeglichen, Energiestauungen in Fluss gebracht. Dabei tankt man auf, entschlackt, gibt Giftstoffe ins Wasser ab, nimmt Mineralien als Ionen über die Haut auf, regt die Selbstheilungskräfte intensiv an und pflegt gleichzeitig die Haut, weil das natürliche Zellwachstum angeregt wird. Geeignet für jeden Hauttyp: Trockene Haut nimmt Feuchtigkeit auf, fettige Haut wird normalisiert.

Tipp:

> Wem Kristallsalz zum Baden zu teuer ist, der kann auf unbehandeltes Meersalz oder Totes-Meer-Salz zurückgreifen und diesem 1 Hand voll Kristallsalz hinzufügen. Bei dieser Mischung geht allerdings ein Teil der energetischen Wirkung verloren.

Die Konzentration eines Solebades sollte mindestens 1 Prozent (1 kg Kristallsalz auf 100 l Wasser) betragen, was bedeutet, dass man für eine normale Badewanne mit etwa 120 l Inhalt mindestens 1,2 kg Salz benötigt. Bei Hauterkrankungen ohne offene Hautstellen sind höhere Konzentrationen bis zu 8 Prozent von Vorteil.

Für ein Vollbad das Salz in die zu einem Viertel mit heißem Wasser gefüllte Badewanne geben und etwa 45 Minuten warten, bis sich das Salz aufgelöst hat. Dann die Wanne mit 37 °C warmem Wasser füllen. Bei dieser Temperatur können Giftstoffe am leichtesten ausgeschieden und Spurenelemente optimal aufgenommen werden. Die Herzgegend sollte außerhalb des Wassers sein, sonst wird das Baden zu anstrengend. Bitte keine weiteren Zusätze ins Wasser geben und keine Seife verwenden. Wer die Entgiftung beschleunigen möchte, kann alle 5 Minuten seinen Körper abbürsten. Die Badedauer sollte etwa 20 Minuten betragen. Nach dem Bad nicht abduschen oder abtrocknen, sondern feucht in einen Bademantel hüllen und 30 Minuten nachruhen.

Hinweis:

Bei Herz-Kreislauf-Erkrankungen bitte vorher Rücksprache mit Ihrem Arzt oder Heilpraktiker halten, da ein Solebad den Kreislauf stark beansprucht. Eventuell auf Teilbäder ausweichen. Sicherheitshalber sollte eine zweite Person beim Baden anwesend sein. Achtung: keine Solebäder bei akuten rheumatischen Entzündungen und bei Fieber!

Sole-Teilbäder

Teilbäder sind eine gute Alternative, wenn Vollbäder nicht in Frage kommen. Möglich ist ein Sitzbad bei Entzündungen im Genitalbereich sowie bei Blasen- oder Nierenbeschwerden. Fußbäder stärken die Nieren- und Blasenfunktion, helfen bei Fußpilz, kalten Füßen, Einschlafschwierigkeiten und sind gut zur Entgiftung. Arm- oder Handbäder werden angewandt bei Hauterkrankungen, Pilzbefall oder Gelenkproblemen.

Für ein Sitzbad 500 g Kristallsalz in 50 l Wasser auflösen, dabei wie beim Vollbad vorgehen. Die Nieren sollten beim Baden bedeckt sein. Beim Fuß- oder Armbad benötigen Sie je nach Wanne beziehungsweise Eimer 100 bis 200 g Salz auf 10 l Wasser. Für das Handbad genügen 10 bis 20 g Salz auf 1 l Wasser. Badedauer: jeweils 15 bis 20 Minuten. Danach die Solelösung antrocknen lassen oder höchstens leicht abtupfen.

Duschen mit Kristallsalz

Wer nicht gerne badet oder aus Zeitgründen darauf verzichten muss, kann auch beim Duschen in den Genuss der entgiftenden und energetisierenden Wirkung von

Anwendungen mit Kristallsalz

Kristallsalz kommen. Auch wenn die Entschlackung beim Baden wesentlich intensiver ist, kann man von Duschbädern mit Kristallsalz profitieren: Dabei kommt es zu einer energetischen Reinigung und Aufladung, die Haut wird wunderbar weich, und man fühlt sich hinterher angenehm erfrischt.

Dafür Haut und Haare kurz abbrausen, die Kopfhaut und den gesamten Körper mit gemahlenem Kristallsalz einreiben, kurz antrocknen lassen und nach Belieben abbürsten – das regt die Durchblutung, den Lymphfluss und die Entgiftung an. Warm und kalt abduschen.

FLOATORIUM

Ein Floatorium ist ein mit Sole gefüllter geschlossener Tank, in dem man eine Stunde lang bei 37 °C auf dem Salzwasser schwebt. Während dieser Zeit verlieren Sie große Mengen Schlacken, die Haut regeneriert und Sie lassen Stress und Anspannung hinter sich. Diese Anwendung wirkt positiv bei Blutdruckproblemen, bei rheumatischen Beschwerden, sie stärkt das Immunsystem, lindert Schmerzen, hilft bei depressiven Verstimmungen und entspannt. Wem sich die Gelegenheit bietet, ein Floatorium zu besuchen, sollte es unbedingt ausprobieren. Die Tiefenentspannung ist enorm, das Glücksgefühl durch die Schwerelosigkeit erhöht das Wohlbefinden spürbar. Sie finden Floatorien in Kurbädern, Naturheilpraxen oder Wellness-Zentren.

EINREIBUNGEN

Bei Hauterkrankungen, Hautpilz, Herpes simplex oder einfach zur Verbesserung der Gesichtshaut, aber auch bei Prellungen, Schwellungen und Insektenstichen kann man mit Einreibungen gute Erfolge erzielen. Für offene Hautstellen wird eine 1-prozentige Solelösung (1g Kristallsalz/3ml gesättigte Sole auf 100ml Wasser) benutzt. Ansonsten gibt es die Möglichkeit, die Sole-Konzentration bei Hauterkrankungen auf bis zu 8 Prozent (8g Salz/25ml Sole auf 100ml Wasser) zu erhöhen. Bei Schwellungen, Verspannungen oder Herpesbläschen sollte auf die konzentrierte Sole zurückgegriffen werden. Dafür die Solelösung auf die betroffenen Stellen auftragen und eintrocknen lassen.

UMSCHLÄGE

Wer gezielt lokal entsäuern und entgiften möchte, liegt mit Sole-Umschlägen richtig, da sie ein sehr großes Anwendungsspektrum bieten. Man setzt sie bei Wunden, Gelenkbeschwerden und Hautproblemen ein. Zur Fiebersenkung als Wadenwickel sind sie ein Geheimtipp!

Bei offenen Hautstellen ausschließlich 1-prozentige Solelösung verwenden, für alle anderen Umschläge kann die Dosierung auf 10 Prozent erhöht werden (10g Salz auf 100ml Wasser). Für die einfachste Art eines Umschlags wird ein sauberes Baumwoll- oder Leinentuch in die entsprechende Solelösung getaucht, ausgewrungen und auf die betroffene Körperstelle gelegt. Das feuchte Tuch am besten mit einem Handtuch bedecken und je nach Indikation zwischen 20 Minuten und 2 Stunden, manchmal auch über Nacht einwirken lassen.
Wer die Solelösung als Wadenwickel zur Fiebersenkung benutzen möchte, verwendet kalte Solelösung (15–20°C) und wechselt den Umschlag, sobald er sich erwärmt hat. Kalte Wadenwickel bitte nur bei sehr hohem Fieber (ab 40°C) anwenden. Wichtig: Alle Körperteile müssen vor Beginn der Behandlung heiß sein! Beenden Sie die Wickel spätestens, wenn das Fieber um 1°C gesunken ist.

Anwendungen mit Kristallsalz

Salzhemd
Bei grippalen Infekten und wenn intensiv entgiftet werden soll, ist das Salzhemd einfacher zu handhaben als ein normaler Wickel. Bei Fieber ist es die Alternative zu einem Solebad.
Dafür einen langärmeligen Baumwollrolli in 3-prozentige, körperwarme Solelösung (30 g Salz auf 1 l Wasser) legen, gut auswringen, anziehen und den Oberkörper in ein großes trockenes Handtuch wickeln. Oder einen dicken Baumwollpulli darüber ziehen und mit Schal ins Bett legen. Dauer: bei Infekten etwa 90 Minuten, zur Entgiftung kann das Salzhemd auch über Nacht getragen werden. Nach der Anwendung das Salzhemd ausziehen und den Oberkörper waschen oder abduschen.

Salzsocken
Salzsocken sind der Umschlag der Wahl bei kalten Füßen, bei Gicht und zur allgemeinen Entgiftung. Legen Sie sich ein Paar dicke Baumwoll- oder Schafwollsocken zurecht, die eine Nummer größer sind als Ihre normale Schuhgröße. Diese in 5-prozentige körperwarme Solelösung (50 g Salz auf 1 l Wasser) tauchen, auswringen, anziehen, darüber ein Paar noch größere Socken oder Kniestrümpfe ziehen. Bei kalten Füßen ist zusätzlich eine Wärmflasche von Vorteil. Dauer der Anwendung: 1 Stunde oder über Nacht.

Salzhandschuhe
Bei rheumatischen Beschwerden oder Ekzemen an den Händen haben sich Salzhandschuhe bewährt. Dafür wollene Fingerhandschuhe in 3- bis 5-prozentige Solelösung (15–25 g Salz auf 500 ml körperwarmes Wasser) tauchen, auswringen, anziehen, darüber größere wollene Fausthandschuhe ziehen und 1 Stunde oder über Nacht wirken lassen. Tragen Sie danach am besten Rheuma-Kristallöl (siehe Seite 76) oder eine pflegende Handcreme auf.

Bauchbinde
Bei Bauchkrämpfen, Schmerzen im Unterleib und Menstruationskrämpfen entspannt eine Bauchbinde. Dafür ein Baumwoll- oder Leinentuch in 3-prozentiger Solelösung (30 g Salz auf 1 l warmes Wasser) tränken, auswringen und auf den Bauch legen. Ein großes trockenes Handtuch um den Bauch wickeln, eine Wärmflasche auflegen und 30 Minuten ruhen.

Kompressen

Bei müden trockenen Augen oder Schwellungen um die Augen herum, aber auch gegen Fältchen helfen Augenkompressen. Dafür einen Wattebausch oder ein Wattepad mit 1-prozentiger Solelösung (1 g Salz auf 100 ml Wasser) tränken und für 20 Minuten auf die geschlossenen Augenlider legen.

Bei Kopfschmerzen und Migräne bringt eine Stirnkompresse Linderung. Dafür ein kleines Baumwolltuch, zum Beispiel ein Taschentuch, in 5-prozentige Solelösung (5 g Salz auf 100 ml Wasser) legen, auswringen und auf die Stirn legen. Die Kompresse alle 3 bis 5 Minuten erneuern, bis der Schmerz schließlich nachlässt.

Kompressionswickel

Diese Anwendung wird vor allem bei Zellulite eingesetzt, da sie lokal Säuren und Schlacken über die Haut ausleitet und die Stoffwechselaktivität ankurbelt. Dafür mehrere Bandagen mit kurzem Zug in 5-prozentiger Solelösung (100 g Salz auf 2 l warmes Wasser) tränken und so lange darin liegen lassen, bis sie sich ganz vollgesogen haben. Die Bandagen auswringen und beide Beine von den Knien ab über das Gesäß bis zur Hüfte hoch um-

Anwendungen mit Kristallsalz

wickeln. Man beginnt stets an der herzentferntesten Stelle und wickelt zum Herzen hin. Der Zug der Bandagen sollte nicht zu stark sein, da die Durchblutung angeregt und nicht verhindert werden soll. Anschließend in eine Decke oder ein großes Handtuch wickeln, ruhen und dabei 1 Stunde lang schwitzen. Danach die Bandagen abnehmen und den Schweiß abduschen.

SALZAUFLAGEN

Trockene Salzauflagen lindern Schmerzen aller Art, sollten bei akuten rheumatischen Entzündungen aber nur kühl angewendet werden. Warme Auflagen dagegen helfen bei Zahn- und Ohrenschmerzen sowie bei Schulter-, Nacken- oder Rückenverspannungen, aber auch bei akuten Gelenkschmerzen.

Für diese Auflagen gibt es Leinensäckchen zu kaufen, in die Kristallsalz eingenäht ist. Dabei handelt es sich um das gleiche Salzsäckchen, das auch für Solebäder angeboten wird. Wer möchte, kann es ganz einfach auch selbst herstellen: Dafür ein Leinentuch zu einem kleinen Kissen umnähen, 1 kg gemahlenes Kristallsalz hineinfüllen und das Kissen zunähen. Oder das Salz in ein Leinensäckchen füllen und dieses gut verschließen. Für eine warme Anwendung das trockene, mit Salz gefüllte Leinensäckchen kurz in den auf maximal 60 °C vorgeheizten Backofen (nicht in die Mikrowelle!) legen und erwärmen. Vor der Verwendung testen, ob die Temperatur angenehm und nicht zu heiß ist. Das Salzkissen so lange auf der betroffenen Körperstelle belassen, bis es abgekühlt ist. Für die kalte Anwendung das Salzsäckchen einige Stunden im Kühlschrank oder Eisfach kühlen und dann auf die schmerzende Stelle legen. Dies ist vor allem bei Schwellungen, Verstauchungen oder akuten Gelenkentzündungen wohltuend.

MASKEN UND UMSCHLÄGE MIT SOLESCHLICK

Soleschlick (auch Solepeloid oder Laist genannt) entsteht im Laufe der Zeit am Boden eines Salzstollens, in den immer wieder Wasser eingelassen wird, um das Steinsalz herauszulösen. Wertvolle mineralische Bestandteile sinken zu Boden, werden wieder zu Kristallen und bilden nach der Entleerung des Sinkwerks einen gesteinsharten Schlick, der gemahlen und mit Kristallsole wieder geschmeidig gemacht wird. Die Inhaltsstoffe des Soleschlicks regen ausgetrocknete Hautzellen an, mehr Flüssigkeit zu speichern, wirken aber auch hautstraffend und entzündungshemmend. Soleschlick wird deshalb bei Hauterkrankungen, Zellulite, Akne, starker Faltenbildung, fettiger Haut und beispielsweise bei Gelenkentzündungen angewendet.

Gesichtsmaske mit Soleschlick
Dafür den Schlick dünn auf Gesicht und Hals auftragen, Augen und Mund aber aussparen. Die Maske je nach Hauttyp 10 bis 20 Minuten eintrocknen lassen (10 Minuten bei trockener, 20 Minuten bei fettiger Haut). Die Maske mit lauwarmem Wasser entfernen und die Haut danach mit einer Pflegecreme eincremen.

Umschlag mit Soleschlick
Umschläge mit Peloid werden vor allem bei Gelenkentzündungen oder Zellulite angewendet. Dafür den Schlick auf die betroffene Stelle auftragen, mit einem feuchten Tuch abdecken und 2 Stunden oder über Nacht einwirken lassen. Mit Wasser abwaschen und die behandelten Stellen eventuell eincremen.

Soleschlick bei Hauterkrankungen
Für Neurodermitis und Psoriasis gibt es spezielle Mischungen (Suspensionen) in Apotheken und Reformhäusern zu kaufen. Die Suspension dünn auf die

Anwendungen mit Kristallsalz

betroffenen Stellen auftragen, trocknen lassen und nach 15 bis 20 Minuten mit Wasser abspülen. Danach bitte eine auf die Erkrankung abgestimmte Salbe beziehungsweise ein Öl auf die behandelten Stellen auftragen.

ENTGIFTUNG MIT ÖL-SALZ-PEELING

Ein Peeling mit Öl und Salz entschlackt den Körper sehr stark. Gerade wenn man abnehmen will, eine Fastenkur durchführen oder die Hautstruktur verbessern möchte, ist ein Öl-Salz-Peeling eine wunderbare Unterstützung. Der Trick dabei ist die Kombination von Salz und Öl: Durch das Zusammenspiel der beiden Komponenten können mehr Giftstoffe über die Haut aus dem Körper entfernt werden, als dies mit Salz allein möglich wäre. Abgestorbene Hautzellen werden entfernt, die Haut wird straff und prall. Die Wirkung wird noch einmal verstärkt, wenn Sie vorher in der Sauna waren.

Für das Öl-Salz-Peeling 50 g gekörntes Kristallsalz mit 45 g Macadamianuss- oder Olivenöl und 5 ml ätherischem Lavendelöl in einem Glas oder einer Schale mischen. Wer möchte, kann eine Variante mit Soleschlick herstellen, für die 25 g Soleschlick mit 25 g gekörntem Kristallsalz, 45 g Macadamianussöl und 5 ml ätherischem Lavendelöl miteinander verrührt werden. Legen Sie sich auf ein großes Bettlaken und lassen Sie sich das Salz-Öl am ganzen Körper einmassieren. Die Mischung muss dabei immer wieder umgerührt werden, da sich Salz und Soleschlick sonst am Boden absetzen. Wer möchte, kann sich auch selbst einreiben und die Mischung einmassieren, was am Rücken etwas schwierig sein kann. Anschließend in das Laken wickeln, gut zudecken und das Peeling mindestens 30 Minuten, besser 1 Stunde einwirken lassen. Danach mit Wasser abduschen, keine Seife benutzen und die Haut trockentupfen.

SAUNA MIT SALZPEELING

Zur Unterstützung der allgemeinen Entgiftung ist ein Saunabesuch immer empfehlenswert. Wenn der Saunagang dann noch mit Kristallsalz unterstützt wird, ist die entschlackende Wirkung um ein Vielfaches höher.
Vor dem ersten Saunagang kurz abduschen, anschließend gemahlenes Kristallsalz am ganzen Körper auftragen und kräftig einmassieren, bis es sich aufgelöst hat. Jetzt noch kurz warten, bis das Salz auf der Haut leicht angetrocknet ist und so in die Sauna gehen. Das Salzpeeling können Sie nach Belieben vor jedem weiteren Saunagang wiederholen.
Zur Anregung der Lungenfunktion, bei Husten und Bronchitis hilft ein Sauna-Aufguss mit 1-prozentiger Solelösung (10 g Kristallsalz auf 1 l Wasser). Alternativ kann die Sauna immer wieder mit einem Salzspray ausgesprüht werden. Dafür 1-prozentige Sole in eine Zerstäuberflasche füllen und in der Sauna versprühen.

HEILSTOLLEN

Der Aufenthalt in einem Salzheilstollen ist vor allem für Allergiker und bei Erkrankungen der Atemwege zu empfehlen. Den Erfolg der Späleotherapie, wie man diese Therapie in Salzminen oder Naturhöhlen nennt, erklärt sich zu einem großen Teil durch die reine salzhaltige Luft, die hier eingeatmet wird. Durch die hohe Salzkonzentration in der Luft entsteht ein Überschuss an negativ geladenen Ionen, die Staubpartikel und Schadstoffe zu Boden fallen lassen. Die Atemluft ist rein wie an einem frischen Gebirgsbach, jedoch wesentlich salzhaltiger. Der Aufenthalt in einem Salzheilstollen wird in manchen Fällen von den Krankenkassen bezuschusst. Falls Sie an Asthma, chronischer Bronchitis oder einer anderen Lungenerkrankung leiden, lohnt es sich, bei Ihrer Kasse

Anwendungen mit Kristallsalz

nachzufragen. Mehrere Kurorte bieten inzwischen ganz gezielt Aufenthalte in Heilstollen an, unter anderem das Salzbergwerk in Berchtesgaden.

Inhalation

Bei allen Erkrankungen der Atemwege, bei Ohren- und Nebenhöhlen-Entzündungen oder wenn sich ein Schnupfen ankündigt, empfiehlt sich eine Sole-Inhalation. Die Durchblutung der Bronchien und Schleimhäute wird gefördert und Entzündungen klingen ab.

Dafür etwa 2 Liter Wasser in einem großen Topf erhitzen und folgende Mengen Salz darin auflösen: bei Erkrankungen der oberen Atemwege 30 g Salz, bei Erkrankungen der tieferen Atemwege bis zu 150 g. Ein Handtuch über den Kopf legen, über den Topf beugen und den Dampf 10 bis 20 Minuten tief und gleichmäßig einatmen. Bei akuten oder schweren Erkrankungen mehrmals täglich wiederholen. Nach der Inhalation dauert es etwa 30 Minuten, bis sich der Schleim aus den Nebenhöhlen beziehungsweise den Bronchien löst.

Luftbefeuchtung

Bei Atemwegserkrankungen wie Bronchitis oder Asthma, bei Pollen- oder Hausstauballergien, aber auch bei Kopfschmerzen lindert feuchte, salzhaltige Luft die Symptome. Eine feuchte Zimmerluft können Sie auf mehreren Wegen erreichen: Befeuchten Sie einige Tücher mit 1-prozentiger Solelösung (10 g Salz auf 1 l Wasser) und hängen Sie diese im Zimmer oder über der Heizung auf. Diese Methode ist vor allen Dingen nachts im Schlafzimmer sinnvoll. Im Winter einfach mehrere Schalen mit 1-prozentiger Solelösung auf die Heizkörper stellen oder alternativ 1-prozentige Solelösung erhitzen und langsam verdampfen lassen. Wesentlich einfacher gelingt die Luftbefeuchtung allerdings mit einem Luftbefeuchtungsgerät (ebenfalls mit 1-prozentiger Sole) oder einem Kristallsalz-Ionisator.

IONISATOR

Mit einem Kristallsalz-Ionisator kann man sich das Meerklima oder auch die Heilkraft eines Salzstollens in die eigenen vier Wände holen. Dieses Ultraschallgerät befähigt Wasser, Salz in seiner ionisierten Form an sich zu binden und sich in feinsten Partikeln in der Luft zu verteilen. Die Luft wird dadurch gereinigt, positiv geladene Schmutzpartikel werden gebunden, die Konzentration negativer Ionen erhöht sich, was ein gesundes Raumklima schafft. Dies wirkt sich auf gesunde Menschen positiv aus, hat vor allem aber Vorteile für Allergiker, Asthmatiker und andere Lungenkranke, die den Solenebel auch direkt inhalieren können. In einem solchen Klima kann man sich gut konzentrieren, aber auch sehr gut schlafen. Sie sollten den Ionisator zu Beginn zwei Stunden laufen lassen – in dieser Zeit werden Ionisationswerte wie im Heilstollen erreicht. Danach genügt es, ihn immer wieder einmal eine Stunde in Betrieb zu nehmen, um die Werte aufrechtzuerhalten.

Achten Sie beim Kauf darauf, dass Sie auch wirklich einen Kristallsalz-Ionisator und nicht einen einfachen Wasservernebler erwerben. Diese »normalen« Geräte können keine Sole vernebeln, da sie mit einer anderen Schwingungsfrequenz arbeiten. Außerdem wäre die Membran in kürzester Zeit defekt.
Benutzen Sie für Ihren Ionisator nur destilliertes Wasser oder sehr mineralarmes Quellwasser. Lösen Sie in diesem Wasser 1 bis 2 Teelöffel Kristallsalz auf.

Anwendungen mit Kristallsalz

> **Tipp:**
>
> Achten Sie darauf, dass sich in dem Raum, in dem Sie den Kristallsalz-Ionisator benutzen, keine Gegenstände befinden, die rosten könnten, sonst ärgern Sie sich sicherlich nach einiger Zeit über die entstandenen Schäden.

SOLE-INHALATION IM GRADIERWERK

Eine besondere Form der Inhalationskur findet man im Gradierwerk in Bad Reichenhall, das nicht zur Erzeugung von Salz gebaut wurde, sondern um den Kurgästen die groß angelegte Möglichkeit zur Soleinhalation zu geben. 13 Meter hoch aufgetürmte Weiß- und Schwarzdornbündel werden in dem 180 Meter langen Gradierwerk mit Sole berieselt, was die Luft mit feinen Wassertröpfchen anreichert. Der Kurgast spaziert täglich an diesem Nieselregen vorbei und atmet den Solenebel ein.

SALZKRISTALL-LAMPEN

Prinzipiell wirken Salzkristall-Lampen ähnlich wie ein Ionisator, allerdings muss man einräumen, dass der Ionisierungseffekt einer Salzlampe weit hinter dem eines Ionisators zurückbleibt. Ist die Glühbirne der Lampe zu klein oder der Stein zu groß, wird dieser nicht ausreichend erwärmt, und der Ionisierungseffekt bleibt sogar fast ganz aus. Doch zumindest als farbtherapeutisches Instrument sind Kristall-Lampen wirkungsvoll. Das warme, gelb oder orange getönte Licht liegt in einem Frequenzbereich, der beruhigend und konzentrationsfördernd wirkt. Entspannen Sie sich also beim Licht einer Salzkristall-Lampe und lassen Sie den Stress des Alltags hinter sich.

KOSMETISCHE TIPPS MIT WASSER UND SALZ

Neben Aufgaben wie Wärmeregulierung und Schutz vor äußeren Einflüssen übernimmt unsere Haut die wichtige Funktion Schadstoffe auszuscheiden. Um die Haut und den gesamten Körper in seiner Entgiftungsfunktion zu unterstützen, ist es ratsam, neutrale bis basische Körperpflegeprodukte zu verwenden. So können Säuren neutralisiert werden, statt dass die Haut durch Kosmetika mit weiteren Säuren belastet wird.
Leider geht die Kosmetikindustrie davon aus, dass der pH-Wert unserer Haut natürlicherweise im sauren pH-Bereich liegt, was aber nur die Folge einer bereits vorliegenden Übersäuerung des Körpers ist. Mit Kristallsalz haben Sie ein wunderbares Mittel zur Hand, Ihren Körper von innen wie von außen von Säuren und damit von der Ursache vieler Hauterkrankungen zu befreien.

Wenn man Kristallsole für kosmetische Zwecke nutzen möchte, sind der Vielfalt kaum Grenzen gesetzt. Mit etwas Kreativität finden Sie selbst Möglichkeiten, die regenerierende und ausgleichende Kraft der Sole für ein positives und gesundes Aussehen zu nutzen. Die folgenden Tipps sind nur einige Vorschläge …

Kristallsole als Zusatz für Ihre Kosmetika

Sie können in fast alle Ihre Kosmetika nachträglich noch etwas Kristallsole mischen – so kommt der harmonisierende Effekt der Sole Ihrer Haut Tag und Nacht zugute. Geben Sie beispielsweise 1 Teelöffel Sole in 100 ml Gesichtswasser oder mischen Sie Sole in Ihre Reinigungsmilch, Tages- und Nachtcreme. Rechnen Sie dabei für Reinigungsmilch und Cremes mit bis zu $^1/_2$ Teelöffel Kristallsole pro 50 ml und vermengen Sie das Ganze gut. Für Bodylotion, Shampoo und Duschgel nehmen Sie

1 bis 2 Teelöffel pro 100 ml. Die Haltbarkeit Ihrer Kosmetika wird durch die Zugabe von Kristallsole übrigens nicht beeinträchtigt.

Kristallsalz als Deodorant
Salz desinfiziert und hindert Bakterien daran, sich zu vermehren, wodurch sich kein unangenehmer Schweißgeruch bilden kann. Befeuchten Sie einen Salzkristall und reiben Sie Achseln, Füße und Hände damit ein.

Kristall-Gesichtswasser
Dieses Gesichtswasser verbessert jedes Hautbild, erhöht die Spannkraft und verleiht ein frisches Aussehen.
Basis-Zutaten:
60 ml Rosenwasser
40 ml mineralarmes Quellwasser/destilliertes Wasser
3 TL konzentrierte Kristallsole
evtl. 3 Tropfen kolloidales Silber (Apotheke)
Zubereitung:
Alle Zutaten in eine Glasflasche (am besten mit Zerstäuber) füllen und mischen. Je nach Hautbild können noch folgende ätherische Öle zugefügt werden:
➤ bei normaler Haut: 4 Tropfen Orangenblütenöl
➤ bei trockener Haut: 4 Tropfen Rosenöl
➤ bei fettiger, unreiner Haut: 3 Tropfen Zitronenöl

Kristall-Körperpflegeöl
Ein harmonisierendes Öl, das nach dem Duschen oder Baden bei leicht feuchter Haut angewandt wird.
Zutaten:
50 ml Jojobaöl
50 ml süßes Mandelöl
1 TL konzentrierte Kristallsole
je 5 Tropfen ätherisches Orangen- und Lavendelöl
Zubereitung:
Alle Zutaten in eine Glasflasche füllen und vor jedem Gebrauch gut durchschütteln.

Kristall-Massageöl

Dieses Öl regt die Durchblutung der Haut an, löst Muskelverspannungen, wirkt stimulierend sowie wärmend und ist schlichtweg eine Wohltat für Körper und Seele. Wichtig: gut einmassieren!

Zutaten:
50 ml Johanniskrautöl in Olivenöl
50 ml Senfsamenöl, alternativ Macadamianussöl
2 TL konzentrierte Kristallsole
4 Tropfen ätherisches Tangerinenöl, alternativ Orangenöl
3 Tropfen ätherisches Ingweröl
3 Tropfen ätherisches Zimtöl
3 Tropfen ätherisches Rosenöl

Zubereitung:
Alle Zutaten in einer Glasflasche gründlich mischen und vor jedem Gebrauch einmal gut durchschütteln.

Kristall-Haarwasser

Dieses Haarwasser eignet sich zur Kräftigung des Haarbodens, ist hilfreich bei Haarausfall, Schuppen und bei sprödem, fettigem oder glanzlosem Haar.

Zutaten:
80 ml destilliertes Wasser oder mineralarmes Quellwasser
20 ml 90-prozentiger Weingeist (Apotheke)
4 TL konzentrierte Kristallsole
evtl. 2 Tropfen kolloidales Silber (Apotheke)
je 3 Tropfen ätherisches Salbei- und Rosmarinöl
je 2 Tropfen ätherisches Birken-, Thymian- und Geraniumöl

Zubereitung:
Alle Zutaten in eine Glasflasche füllen und vor jedem Gebrauch gut schütteln. Massieren Sie das Haarwasser am besten einmal täglich in die Kopfhaut ein, mindestens aber nach jeder Haarwäsche.

Anwendungen mit Kristallsalz

Kristall-Haaröl

Dieses Haaröl gibt sprödem Haar Glanz und Fülle zurück, fördert die Durchblutung der Kopfhaut und beugt Spliss und Haarausfall vor.

Zutaten:
80 ml Sesamöl
20 ml Johanniskrautöl in Mandel- oder Olivenöl
3 TL konzentrierte Kristallsole
je 3 Tropfen ätherisches Basilikum-, Melissen- und Rosmarinöl
je 2 Tropfen ätherisches Birken-, Lavendel-, Wacholder- und Korianderöl

Zubereitung:
Alle Zutaten in eine Glasflasche füllen, diese verschließen und gut durchschütteln. Vor der Haarwäsche sanft in den Haarboden einmassieren und 1 Stunde oder über Nacht einwirken lassen. Anschließend mit einem milden Shampoo auswaschen. Wer trockene Haare hat, kann das Haaröl großzügig im feuchten Haar verteilen und einwirken lassen.

HINWEIS:

Die in den Rezepten enthaltenen Pflegemittel sind erprobt, was ihre Wirkung und Verträglichkeit angeht. Jeder Mensch reagiert jedoch anders, und selbst die Reaktionen ein- und desselben Menschen können sich im Laufe der Zeit durch äußere und innere Einflüsse verändern. Deshalb sollten Sie die Hautverträglichkeit eines von Ihnen hergestellten Pflegemittels vor der ersten Anwendung prüfen, indem Sie ein wenig davon auf die Innenseite des Unterarms streichen und eine eventuelle Reaktion innerhalb eines Tages abwarten. Dies gilt insbesondere für Allergiker.

BESCHWERDEN VON A–Z

Die wichtigsten Anwendungsgebiete folgen nun im alphabetischen Überblick. Hier wird nur auf die einzelnen Formen der Anwendung hingewiesen, deren genaue Beschreibung Sie auf den Seiten 18 bis 39 finden.

AKNE, UNREINE HAUT

Häufig ist eine Verschlackung des Bindegewebes sowie mangelnde Entgiftung des Körpers über den Darm festzustellen. Doch auch hormonelle Gründe oder Ernährungsfehler können die Ursache sein. Daher wirken Entschlackungskuren oder eine Ernährungsumstellung oft Wunder. Kristallsalz kurbelt zusätzlich die Entgiftung an und verbessert das Hautbild von außen.

DIESE ANWENDUNGEN HELFEN

- Täglich verdünnte Kristallsole und 2,5 bis 3 Liter Quellwasser trinken;
- morgens und abends konzentrierte Sole als Hauttonikum auftragen und trocknen lassen, abends keine Creme verwenden; bei offenen Hautstellen die Sole so verdünnen, dass sie nicht mehr brennt;
- 2-mal pro Woche ein Gesichtsdampfbad mit Kristallsole (4–6 TL Kristallsole auf 1–2 l heißes Wasser, Dauer 10–15 Minuten);

> **HINWEIS:**
> Haben Sie etwas Geduld, denn es kann sein, dass Ihr Hautbild sich zu Beginn der Anwendungen durch die Entgiftungsreaktion für kurze Zeit verschlechtert. Es wird sich danach zusehends bessern!

Beschwerden von A–Z

- Gesichtskompressen als Alternative (100 g Salz auf 1 l heißes Wasser, Kompresse mehrmals erneuern, Gesamtdauer 15 Minuten); auch fürs Dekolleté;
- 2-mal pro Woche eine Maske mit Soleschlick;
- bei unreiner Haut am Rücken oder Dekolleté 3-mal wöchentlich ein Solebad;
- störende Pickel über Nacht mit Soleschlick betupfen.

Tipp:

Benutzen Sie eine basische Kosmetikserie oder fügen Sie Ihren Kosmetika etwas Kristallsole zu. Ernähren Sie sich vollwertig, Schwerpunkt basische Kost, und nehmen Sie über drei Monate täglich 10 mg Zink ein.

ALLERGIEN

Bei einer Allergie kommt es zu einer Histaminreaktion auf ein Antigen, wie etwa Pollen oder Hausstaubmilben. Als Hauptursachen für die steigende Zahl von Allergien sind Umweltbelastungen, Störungen des Immunsystems und des Bakteriengleichgewichts im Darm sowie ungesunde Ernährung zu nennen.

Diese Anwendungen helfen

- Morgens nüchtern 1 Teelöffel Kristallsole in einem Glas Quellwasser trinken, auch wenn keine Allergiesymptome zu spüren sind;
- täglich mindestens 2,5 Liter, bei akuten Allergiesymptomen besser 3,5 Liter Quellwasser trinken;
- bei allergischem Schnupfen mehrmals täglich Nasenspülungen mit 1-prozentiger Solelösung;
- Soleinhalationen mit 40 g Kristallsalz auf 2 l Wasser zur Beruhigung der Schleimhäute, 2-mal täglich;
- bei gereizter Nasenschleimhaut 2 Esslöffel süßes Mandelöl mit 2 Teelöffeln Kristallsole verschütteln und mit dem Finger sanft auf die Nasenschleimhäute streichen;

- bei tränenden, geröteten Augen mehrmals täglich Augenspülungen mit 1-prozentiger Solelösung sowie morgens und abends eine Augenkompresse;
- 1-mal pro Woche ein Solebad oder das Salzhemd zur allgemeinen Entgiftung;
- der Kristallsalz-Ionisator reinigt die Zimmerluft von Pollen und Hausstaub. Schalten Sie den Ionisator im Schlafzimmer zwei Stunden vor dem Zubettgehen an.

Tipps:

- Lassen Sie sich auf krankhaften Pilzbefall im Darm untersuchen und führen Sie bei Bedarf eine Darmsymbiose-Lenkung durch.
- Überprüfen Sie, ob Sie an einer Nahrungsmittelallergie leiden und meiden Sie das entsprechende Lebensmittel in Zukunft.
- Bei akuten Beschwerden täglich bis zu 2000 mg Kalzium über den Tag verteilt einnehmen.

Asthma, Bronchitis

Diese Atemwegserkrankungen sind unterschiedlichen Ursprungs, können aber mit den gleichen Soleanwendungen behandelt werden. Bei Asthma bronchiale handelt es sich um anfallsweise Atemnot bei krampfartiger Verengung der Bronchien, meist aufgrund einer allergischen Reaktion. Es kann aber auch durch Anstrengung oder psychische Ursachen ausgelöst werden. Bronchitis kann akut als Erkältungskrankheit, aber auch in chronischer Form etwa als Raucherhusten auftreten.

Diese Anwendungen helfen
- Täglich 1 Teelöffel Sole in Quellwasser trinken;
- täglich 2 bis 3 Liter Quellwasser trinken;
- je nach Intensität der Beschwerden 1- bis 4-mal täglich Soleinhalation, bei Asthma mit 30 bis 50 g Salz

> **HINWEIS:**
> Je höher die Solekonzentration beim Inhalieren ist, desto leichter verflüssigt sich der Schleim und kann abgehustet werden.

pro 2 l Wasser, bei Bronchitis mit 30 bis 150 g Salz pro 2 l; mit niedriger Konzentration beginnen und die Konzentration langsam steigern;
- Aufstellen eines Kristallsalz-Ionisators im Schlafzimmer oder die Luft durch Verdunsten von Solelösung befeuchten (siehe Seite 33);
- bei akuter Bronchitis 2-mal täglich einen Umschlag auf die Brust mit 5-prozentiger Solelösung (5 g Salz auf 100 ml körperwarmes Wasser), eventuell die Konzentration auf 10 Prozent steigern; alternativ 1-mal täglich das Salzhemd mit 3-prozentiger Solelösung;
- 1-mal pro Woche ein Solebad.

AUGENERKRANKUNGEN

Meist entstehen Augenprobleme durch äußere Einflüsse wie trockene Luft, Computerarbeit, Fernsehen oder Pollen. Bei angeborener Fehlsichtigkeit kann Kristallsalz kaum helfen, doch bei Altersfehlsichtigkeit sollte man einen Versuch wagen. Der Grund: Die Fehlsichtigkeit entsteht durch einen langsamen Elastizitätsverlust der Augenlinse, das heißt es fehlt an Flüssigkeit. Das Salz in der Augenspülung jedoch kann Flüssigkeit binden.

DIESE ANWENDUNGEN HELFEN
- Bei akuten Beschwerden 2- bis 4-mal, bei chronischen 1- bis 2-mal täglich Augenspülungen mit 1-prozentiger Solelösung (3 ml Sole auf 100 ml Wasser);
- bei geschwollenen Augen morgens und abends eine Augenkompresse mit kalter 1-prozentiger Solelösung;
- ein Kristallsalz-Ionisator vernebelt Sole und hilft so bei trockenen, tränenden Augen.

> **HINWEIS:**
> Haben Sie keine Angst vor der Solelösung im Auge:
> Sie brennt nicht, denn 1-prozentige Sole entspricht ungefähr der Salzkonzentration Ihrer Tränenflüssigkeit.

AUSFLUSS (FLUOR)

Vaginaler Ausfluss ist in gewissem Maße normal. Kurz vor dem Eisprung kann man beispielsweise häufig einen relativ flüssigen, fadenziehenden Schleim beobachten, der als Zeichen der momentanen Empfängnisbereitschaft gedeutet werden kann. Ausfluss kann aber auch Symptom vieler ernsthafter Erkrankungen der weiblichen Geschlechtsorgane sein. Sie sollten die Ursache auf jeden Fall vom Frauenarzt abklären lassen. Zur Linderung der Begleitsymptome wie Jucken oder Brennen sowie zur Regeneration der Schleimhaut und des Scheidenmilieus ist Kristallsole ideal geeignet. Sollte der Ausfluss durch Pilze oder andere Erreger ausgelöst sein, müsste Ihr Partner mitbehandelt werden, da Sie sich sonst ständig gegenseitig infizieren.

DIESE ANWENDUNGEN HELFEN

- Regelmäßiges Trinken verdünnter Kristallsole zur Entgiftung und zur Normalisierung des Körpermilieus;
- alle 1 bis 2 Tage ein Solesitzbad in mindestens 2-prozentiger Solelösung (1 kg Salz auf 50 l Wasser); oder 1- bis 2-mal pro Woche ein Solevollbad mit 1 bis 2 kg Salz auf 100 l Wasser;
- bei akutem Ausfluss täglich eine Vaginalspülung mit 1-prozentiger Solelösung (3 ml Sole auf 100 ml körperwarmes Wasser); siehe dazu Seite 22;
- bei starkem Jucken der Scheidengegend 3-prozentige Solelösung auftupfen und antrocknen lassen (9 ml Sole auf 100 ml Wasser).

BLUTDRUCKANOMALIEN

Sehr häufig werden zu hoher oder niedriger Blutdruck durch eine unvernünftige Lebensweise ausgelöst oder zumindest begünstigt. Abzuklären ist zuerst, ob Herz, Gefäßsystem, Nieren, Schilddrüse und Lunge organisch in Ordnung sind oder ob eine Diabetes-Erkrankung vorliegt. Um den Blutdruck zu normalisieren, hilft oft eine Änderung der Lebensgewohnheiten. Der Gebrauch von Kristallsole kann hier zusätzlich ausgleichend wirken.

Diese Anwendungen helfen

- Bei Bluthochdruck 5 Tropfen Kristallsole in 1 Glas Quellwasser morgens auf nüchternen Magen trinken; Dosis täglich um 1 Tropfen auf 15 Tropfen steigern, diese Dosierung täglich beibehalten;
- bei niedrigem Blutdruck morgens 1 Teelöffel Kristallsole in 1 Glas Quellwasser nüchtern trinken;
- Speisen nur noch mit Kristallsalz würzen und jegliches Kochsalz vom Speisezettel streichen; versteckte Salze in Wurst oder Käse einschränken;
- bei Bluthochdruck täglich 2 bis 3 Liter, bei niedrigem Blutdruck mindestens 3 Liter mineralarmes, kohlensäurefreies Quellwasser trinken;
- bei niedrigem Blutdruck morgens eine Bürstenmassage durchführen und danach den ganzen Körper mit 10-prozentiger Sole (10 g Salz auf 100 ml Wasser) abreiben, antrocknen lassen;
- bei hohem Blutdruck 1- bis 3-mal täglich kaltes Unterarmbad mit 1-prozentiger Solelösung (10 g Salz auf 1 l Wasser); Dauer: 5 Minuten;
- bei chronisch kalten Füßen täglich abends Salzsocken mit 5-prozentiger Solelösung (25 g Salz auf 500 ml Wasser) für 1 Stunde oder über Nacht, am besten in Kombination mit einer Wärmflasche;
- 1-mal wöchentlich ein Solebad oder alternativ ein Aufenthalt im Floatorium;

- bei kalten Füßen aufgrund niedrigen Blutdrucks täglich ein ansteigendes Fußbad mit 10-prozentiger Solelösung; mit 35 °C beginnen, langsam heißes Wasser zugießen, bis die Endtemperatur von 39 bis 40 °C erreicht ist; Dauer: 10 bis 15 Minuten.

Hinweis:
Bei erhöhtem Blutdruck fragen Sie bitte vor Beginn einer Sole-Trinkkur Ihren Arzt oder Heilpraktiker um Rat. Kristallsalz hat zwar eine ausgleichende Wirkung, doch nicht jeder Organismus reagiert gleich.

Ekzeme

Ekzeme treten oft im Zusammenhang mit Allergien auf. Die Auslöser können von außen (etwa Waschmittel oder Kosmetika) oder von innen (zum Beispiel Lebensmittel oder Konservierungsstoffe) kommen. Es kann sich aber auch um eine Belastung mit Schwermetallen oder Lösungsmitteln handeln, die der Körper über die Haut zu entgiften versucht. Kristallsalz unterstützt und regeneriert die Haut und trägt von innen zur Reinigung bei.

Diese Anwendungen helfen
- Tägliches Trinken von verdünnter Kristallsole sowie 2,5 bis 3 Liter Quellwasser zur Entgiftung;
- 2- bis 3-mal täglich die betroffenen Stellen mit konzentrierter Sole betupfen und antrocknen lassen;
- abends etwas Soleschlick auf die Ekzeme auftragen, trocknen lassen, am nächsten Morgen abwaschen; große Flächen abdecken oder nur 1 Stunde einwirken lassen und dann abwaschen;
- je nachdem, wo das Ekzem auftritt, sind Solebäder 1- bis 2-mal pro Woche hilfreich;
- ein- oder mehrmals täglich die Haut mit Cajeput-Kristallöl einreiben: Dafür 50 ml Weizenkeimöl,

Hinweis:

Bei plötzlich auftretenden, akuten Ekzemen unbedingt abklären, ob eine Allergie auf neue Kosmetika, Putzmittel oder Ähnliches vorliegt.

50 ml Olivenöl, 3 TL Kristallsole, 10 Tropfen ätherisches Cajeputöl miteinander verschütteln und sanft in die Haut einmassieren.

Erkältungskrankheiten

Erkältungskrankheiten wie Husten, Schnupfen und Halsschmerzen können hervorragend mit Kristallsole behandelt werden. Kristallsalz kann aber auch vorbeugend wirken, da es das Immunsystem stärkt.

Diese Anwendungen helfen

- Regelmäßig verdünnte Sole zur Stärkung des Immunsystems trinken;
- solange Symptome vorhanden sind, täglich 3 bis 4 Liter warmes Quellwasser trinken (nicht über 40 °C erwärmen, sonst verliert es seine energetische Kraft); damit werden die Stoffwechselprodukte der Krankheitserreger aus dem Körper gespült;
- bei Erkältung ohne Fieber täglich ein 1-prozentiges Solebad (1,2 kg Salz auf 120 l Wasser) bei 37 °C Wassertemperatur nehmen; Dauer: 20 bis 30 Minuten;
- alternativ zum Solebad ein Salzhemd mit 3-prozentiger Solelösung; auch bei Fieber möglich;
- bei sehr hohem Fieber kalte Wadenwickel mit 3-prozentiger Solelösung (3 g Salz auf 100 ml Wasser); siehe Seite 26;
- bei Husten 2-mal täglich einen Umschlag mit 5-prozentiger Solelösung auf die Brust (5 g Salz auf 100 ml körperwarmes Wasser); eventuell auf bis zu 10 Prozent steigern;

- bei Husten und Schnupfen bis zu 4-mal täglich Soleinhalation mit 30 bis 50 g Salz pro 2 Liter Wasser; mit niedriger Konzentration beginnen und diese von Inhalation zu Inhalation steigern;
- bei verstopfter Nase mehrmals täglich, vor allem vor dem Schlafengehen Nasenspülungen mit 1-prozentiger Solelösung (1 g Salz auf 100 ml Wasser);
- gegen Halsschmerzen mehrmals täglich mit 1-prozentiger Solelösung zur Desinfektion und Befeuchtung der Schleimhäute gurgeln, auch höhere Solekonzentrationen möglich;
- gegen Halsschmerzen und Heiserkeit hilft ein Halswickel mit 10-prozentiger Solelösung (10 g Salz auf 100 ml kaltes Wasser).

FUSSPILZ

Fußpilz kann nur auftreten, wenn sich das Milieu im Körpergewebe in den sauren Bereich verschoben hat. Deswegen genügt es nicht, den Pilz allein von außen zu behandeln: Basische Ernährung, das Meiden von Zucker, Hefe und Alkohol und eine Darmsanierung sollten folgen, denn häufig finden sich nicht nur an den Füßen, sondern auch im Darm krank machende Pilze. Wird dies nicht berücksichtigt, kann der Fußpilz immer wieder auftreten.

DIESE ANWENDUNGEN HELFEN
- Regelmäßiges Trinken verdünnter Kristallsole zur Normalisierung des Milieus im Körper;
- täglich 3 Liter Quellwasser zur Entgiftung;
- befallene Stellen 2- bis 3-mal täglich mit konzentrierter Sole einreiben, bei offenen Stellen Sole verdünnen;
- 1-mal täglich Fußbad von 20 Minuten in verdünnter Solelösung (1–2 Teile Sole, 8–9 Teile Wasser), danach nicht abwaschen, sondern antrocknen lassen.

GICHT

Unter Gicht versteht man eine Störung des Purinstoffwechsels, in deren Folge vermehrt Harnsäure im Blut auftritt. Purinstoffe entstehen beim Abbau von Zellkernen und werden zur Ausscheidung in Harnsäure überführt. Erbliche Veranlagung und falsche Ernährung sind die häufigsten Ursachen. Wenn es nach überreichlichem Essen und/oder Alkoholgenuss – meist nachts – zu einem akuten Gichtanfall kommt, schmerzt das Großzehengrundgelenk heftig, es rötet sich und schwillt an, parallel dazu tritt Fieber auf. Bei chronischer Gicht kommt es zu Verformungen der Gelenke und sichtbaren Harnsäureablagerungen im Gewebe. Doch selbst diese Ablagerungen können durch innerliche Anwendung von Kristallsole wieder aufgelöst werden. Dazu muss allerdings ausreichend Wasser getrunken werden. Äußerlich angewandt lindert Kristallsalz Schmerzen und Entzündung und unterstützt den Abtransport der Harnsäurekristalle.

DIESE ANWENDUNGEN HELFEN

- Täglich 1 Teelöffel Kristallsole mit Quellwasser verdünnen und morgens nüchtern über mehrere Monate trinken;
- täglich etwa 3 Liter Quellwasser trinken;
- täglich 1- bis 5-mal kalte Umschläge mit konzentrierter Kristallsole, die Umschläge nach Erwärmung immer wieder kalt erneuern;
- bei akuter Entzündung des Gelenks Soleschlick auftragen, mit einem kalten Tuch bedecken; nach 1 bis 2 Stunden abwaschen, danach eincremen;
- bei einem akuten Gichtanfall das Gelenk direkt unter den kalten Wasserstrahl aus der Leitung halten, bis der Schmerz verschwunden ist;
- sind die Zehen betroffen, vor dem Zubettgehen Salzsocken mit 10-prozentiger Sole durchführen (20 g Salz auf 200 ml Wasser; siehe Seite 27);

- bei Befall der Hände und Füße regelmäßig ein ansteigendes Hand- oder Fußbad; mit 10-prozentiger Sole (100 g Salz auf 1 l Wasser) bei 35 °C beginnen, nach und nach heißes Wasser zufließen lassen, bis die Endtemperatur von 39 bis 40 °C erreicht ist; Dauer: 10 bis 15 Minuten; nicht bei akutem Gichtanfall anwenden;
- 3- bis 4-mal pro Woche ein Vollbad mit 1- bis 10-prozentiger Kristallsole (mindestens 1 kg Salz auf 100 l Wasser), aber nicht im akuten entzündlichen Schub; während des Bades alle 5 bis 10 Minuten den gesamten Körper abbürsten, um dadurch die Entgiftung noch zusätzlich zu unterstützen;
- regelmäßige Besuche im Floatorium zur Schmerzlinderung, jedoch nicht im akuten entzündlichen Schub anwenden;
- 1-mal pro Woche ein Öl-Salz-Peeling des ganzen Körpers zur Entgiftung über die Haut.

Tipps:

- Gicht lässt sich allein durch eine Ernährungsumstellung hervorragend beeinflussen. Essen Sie kein oder nur sehr wenig Fleisch, Wurst, Fisch, Geflügel oder Hülsenfrüchte. Trinken Sie keinen Alkohol. Ernähren Sie sich hauptsächlich aus pflanzlichen Quellen und möglichst basisch.
- Bei Übergewicht ist Abnehmen angeraten. Aber bitte kein strenges Fasten, sonst erhöhen sich die Harnsäurewerte durch den vermehrten Zellabbau und es kann zu einem erneuten Gichtanfall kommen.
- Nehmen Sie täglich 0,6 mg Folsäure und 3-mal 1 g Vitamin C ein, das verringert die Ablagerung von Harnsäurekristallen in den Gelenken.
- Trinken Sie täglich 3 Tassen Hafertee zur Senkung des Harnsäurespiegels.

HAUTALTERUNG, VORZEITIGE

Dass die Haut im Laufe der Jahre altert, ist ein natürlicher Vorgang. Doch meist beschleunigen wir diesen Prozess durch ungünstige Ernährung, zu wenig Bewegung und Schlaf, Mangel an Flüssigkeit, Spurenelementen und Vitaminen sowie durch Tabak-, Koffein- und Alkoholgenuss. Stress und Umweltbelastungen tun ihr Übriges. Doch wir können einiges tun, um unsere Haut jung und frisch zu erhalten – unter anderem durch den Einsatz von Kristallsalz. Es neutralisiert Säuren, regt die Talgdrüsen zur Ausscheidung von Giftstoffen an, wodurch die Haut weich und geschmeidig wird und die Faltenbildung sich verlangsamt.

Diese Anwendungen helfen

- Täglich und regelmäßig verdünnte Solelösung und 2 bis 3 Liter lebendiges, mineralarmes, kohlensäurefreies Quellwasser trinken;
- täglich 10-prozentige Salzsole als Hauttonikum benutzen (10 g Salz auf 100 ml destilliertes Wasser oder mineralarmes Quellwasser); alternativ Kristall-Gesichtswasser verwenden (siehe Seite 37);
- 1-mal pro Woche für 10 bis 15 Minuten eine Maske aus Soleschlick auf Gesicht, Hals und Dekolleté; anschließend gründlich abspülen und eincremen;
- 1-mal pro Woche ein Öl-Salz-Peeling am ganzen Körper (siehe Seite 31);
- regelmäßige Solebäder;
- 1-mal pro Woche einen Entschlackungstag einlegen: nur Obst, Gemüse und frische Gemüsebrühe zu sich nehmen und eventuell etwas gekochte Hirse essen, 3 Liter Quellwasser und 1 Liter Brennessel- und Zinnkrauttee trinken sowie morgens und abends ein Glas Quellwasser mit jeweils 1 Teelöffel Kristallsole; den Tag mit einer Darmspülung mit 1-prozentiger Kristallsole beenden.

Tipps:

- Setzen Sie Ihre Haut so wenig wie möglich der Sonne aus, denn nichts lässt sie schneller altern.
- Auf ausreichend Schlaf achten, denn nur dann kann die Haut sich regenerieren.

Haut, fettige

Fettige Haut ist nur zum Teil anlagebedingt. Sie wird auch durch Stoffwechsel- oder Hormonstörungen sowie ungünstige Ernährung gefördert.

Diese Anwendungen helfen
- Regelmäßiges Trinken von verdünnter Kristallsole;
- Zitronen-Gesichtswasser: 25 ml konzentrierte Kristallsole mit 75 ml Quellwasser und 3 Tropfen ätherischem Zitronenöl mischen und abends auftragen, danach keine Creme verwenden;
- 1- bis 2-mal pro Woche ein Gesichtsdampfbad mit Kristallsole (4–6 TL Kristallsole auf 1–2 l Wasser; Dauer: 10–15 Minuten);
- 2-mal wöchentlich eine Maske mit Soleschlick, am besten nach Gesichtsdampfbad; Dauer: 20 Minuten;
- 2-mal pro Woche ein Solebad.

Haut, trockene

Trockene Haut wird begünstigt durch zu wenig Trinken und zu häufiges Sonnenbaden!

Diese Anwendungen helfen
- Regelmäßiges Trinken von verdünnter Kristallsole;
- täglich mindestens 3 Liter Quellwasser trinken;
- Gesichtswasser: 25 ml konzentrierte Sole mit 75 ml Quellwasser und 4 Tropfen äth. Rosenöl mischen;

- abends nach dem Gesichtswasser folgendes Rosen-Sole-Öl dünn auftragen: 50 ml Macadamianussöl mit 1 TL Kristallsole und 2 Tropfen ätherischem Rosenöl mischen und vor Gebrauch schütteln;
- 1-mal pro Woche eine Maske mit Kristallsole-Peloid, Dauer: 10 Minuten; danach Rosen-Sole-Öl oder eine reichhaltige basische Creme auf Gesicht und Hals auftragen;
- Sole-Kamillen-Öl täglich nach dem Duschen oder Baden anwenden: dafür 50 ml Avocadoöl mit 50 ml Jojobaöl, 2 TL Kristallsole und 10 Tropfen ätherischem Kamillenöl mischen, gut schütteln.

HERPES-INFEKTIONEN

Herpes-Viren besiedeln unseren Körper dauerhaft und treten immer dann als Bläschen zutage, wenn unser Immunsystem geschwächt ist. Stärken Sie Ihr Immunsystem durch ausreichend Nährstoffe und Kristallsole.

DIESE ANWENDUNGEN HELFEN
- Regelmäßiges Trinken von verdünnter Kristallsole;
- täglich 2,5 bis 3 Liter Quellwasser zur Entgiftung;
- Bläschen stündlich mit konzentrierter Kristallsole betupfen;
- mindestens 1-mal täglich Kristallsole-Peloid auf die Bläschen auftragen und antrocknen lassen – am besten vor dem Schlafengehen auftragen und über Nacht einwirken lassen; erst morgens abwaschen.

TIPPS:
- Powern Sie Ihr Immunsystem mit einer Enzymtherapie auf.
- Bei akuten Herpesbläschen täglich 3 g Vitamin C und 100 mg Zink einnehmen.

IMMUNSCHWÄCHE, INFEKTANFÄLLIGKEIT

Eine geschwächte Immunabwehr kann sich durch häufige Erkältungen, Herpesbläschen, wiederkehrende Infektionskrankheiten, ständige Müdigkeit sowie andere Symptome bemerkbar machen. Durch Kristallsole erhält Ihr Immunsystem Energie, um sich zu regenerieren.

DIESE ANWENDUNGEN HELFEN
- Regelmäßiges Trinken von verdünnter Sole;
- über den Tag verteilt 2 bis 3 Liter Quellwasser trinken;
- täglich ein ansteigendes Fußbad; mit 10-prozentiger Solelösung und 35 °C beginnen, langsam heißes Wasser zugießen, bis die Endtemperatur von 39 bis 40 °C erreicht ist; Dauer 10 bis 15 Minuten;
- möglichst oft ein basisches Salzpeeling in Kombination mit einem Saunabesuch: vor dem Saunagang abduschen, gemahlenes Kristallsalz auf dem ganzen Körper verreiben, leicht antrocknen lassen und damit in die Sauna gehen;
- 1-mal pro Woche ein Salzhemd (30 g Salz auf 1 l Wasser) oder mehrmals pro Woche Salzsocken über Nacht;
- 1- bis 2-mal pro Woche ein Solebad;
- regelmäßiger Besuch eines Floatoriums.

TIPPS:
- Achten Sie auf ausreichend Vitamin A, C und E sowie Zink zur Prophylaxe von Infektionen.
- Meiden Sie Alkohol, Nikotin und Zucker, die Ihr Immunsystem stark schwächen.

INSEKTENSTICHE

Wer kennt es nicht, das lästige Jucken, wenn Insekten zugestochen haben. Doch auch hier kann Kristallsole für schnelle Abhilfe sorgen.

Diese Anwendungen helfen
- Betroffene Stelle stündlich mit konzentrierter Kristallsole einreiben;
- bei sehr starkem Juckreiz ein mit Sole getränktes Stück Baumwollstoff mit Pflaster über der betroffenen Stelle fixieren;
- alternativ etwas Soleschlick auf den Stich tupfen, antrocknen lassen, nach zwei Stunden oder am nächsten Morgen abwaschen.

Kopfhaut (Jucken, Schuppen)

Juckende oder schuppige Kopfhaut ist lästig und unschön. Sie hat ihre Ursache meist in starker Übersäuerung des Körpers, Störungen der Darmflora oder schweren Darmerkrankungen, zuweilen aber auch in fehlerhafter Ernährung und einem Mineralien- und Spurenelementemangel. Kristallsalz unterstützt die Entgiftungs- sowie die Darmfunktion und versorgt den Körper mit wichtigen Spurenelementen.

Diese Anwendungen helfen
- Verdünnte Sole zur Entgiftung des Bindegewebes und zur Normalisierung der Darmflora trinken;
- täglich 2 bis 3 Liter Quellwasser trinken;
- 2-mal täglich folgendes Haarwasser kräftig in den Haarboden einmassieren: 80 ml mineralarmes Quellwasser mit 20 ml Kristallsole, nach Belieben 2 Tropfen kolloidalem Silber (Apotheke) und jeweils 5 Tropfen der ätherischen Öle von Birke und Thymian mischen, vor jedem Gebrauch schütteln;
- vor jeder Haarwäsche konzentrierte Kristallsole auf die Kopfhaut auftragen und 20 Minuten oder über Nacht einwirken lassen; alternativ das Kristall-Haaröl benutzen (siehe Seite 39);
- 1-mal pro Woche ein Solebad oder Salzhemd.

HINWEIS:
Diese Maßnahmen reichen nicht aus, wenn Ihr Darm stark von krank machenden Pilzen befallen ist. Klären Sie dies mit Ihrem Arzt oder Heilpraktiker ab.

KOPFSCHMERZEN UND MIGRÄNE

Kopfschmerzen sind ein unspezifisches Symptom, die möglichen Gründe dafür mannigfaltig. Treten die Kopfschmerzen häufig auf, sollten Sie die Ursachen abklären lassen. Bei Migräne findet sich meist ein Zusammenhang mit Leber-Galle, Darm, Niere, mit dem Unterleib oder der Prostata. Im Fall von Übersäuerungs- und Spannungskopfschmerzen kann Kristallsole schnell Abhilfe schaffen.

DIESE ANWENDUNGEN HELFEN
- Tägliches Trinken von 10 Tropfen Kristallsole in 1 Glas Wasser; nach jeweils vier Wochen Einnahme zwei Wochen Pause einlegen;
- tägliches Trinken von mindestens 2,5 Liter kohlensäurefreiem Quellwasser;
- bei beginnenden Schmerzen konzentrierte Sole auf Stirn, Schläfen und Nacken auftragen und eintrocknen lassen; zusätzlich 3 bis 4 Gläser Wasser mit einigen Tropfen Kristallsole trinken;
- jede Nacht Salzsocken mit 5-prozentiger Kristallsole (50g Salz auf 1 l Wasser);

TIPPS:
- Meiden Sie mögliche Auslöser wie Alkohol, Nikotin, Kaffee, Käse sowie Schokolade und andere zuckerhaltige Lebensmittel. Klären Sie eventuelle Allergien auf Nahrungsmittel ab.
- Lassen Sie Ihre Halswirbelsäule untersuchen.
- Klären Sie ab, ob unerkannte Probleme mit Zähnen, Mandeln oder Kieferhöhlen vorliegen.

- bei beginnendem Kopfschmerz-/Migräneanfall kalte Unterarmtauchbäder mit 1-prozentiger Solelösung (10 g Salz auf 1 l Wasser): die Unterarme jeweils 20 bis 30 Sekunden ins Wasser tauchen, mehrmals wiederholen;
- während eines Anfalls lindern Stirnkompressen mit 5-prozentiger Solelösung (5 g Salz auf 100 ml Wasser) die Schmerzen; alle 3 bis 5 Minuten erneuern, unter Umständen auch Umschläge im Nacken;
- 1-mal pro Woche ein Öl-Salz-Peeling am ganzen Körper zur intensiven Entgiftung.

LEBER- UND GALLENERKRANKUNGEN

Die Leber erfüllt vielfältige Aufgaben: Ab- und Umbau von Eiweißen, Kohlenhydraten und Fetten, Entgiftung und Blutzuckerregelung sind nur einige davon. Eine funktionierende Leber ist deshalb lebenswichtig. Die Hauptaufgabe der Gallenflüssigkeit liegt in der Fettverdauung. Wenn Stoffwechselstörungen und Verdauungsbeschwerden auftreten, ist es häufig sinnvoll, die Leber-Gallen-Funktion – mit Kristallsalzen – zu unterstützen.

DIESE ANWENDUNGEN HELFEN
- Regelmäßig verdünnte Kristallsole trinken, denn selbst Gallensteine können durch die tägliche Einnahme von 1 Teelöffel Sole über mehrere Monate aufgelöst und ausgeschieden werden;
- täglich 2 bis 3 Liter Quellwasser trinken;
- die Lebergegend 1- bis 2-mal täglich mit Kristall-Olivenöl einreiben: dafür 3 TL Kristallsole in 100 ml hochwertigem Olivenöl verschütteln und 1 bis 2 Minuten kräftig in die Haut einmassieren;
- bei Schmerzen in der Leber-Gallen-Gegend hilft ein Leberwickel mit 10-prozentiger Solelösung (50 g Salz auf 500 ml heißes Wasser): ein großes Baumwolltuch

eintauchen, auswringen, auf die Leber legen, Bauch mit trockenem Handtuch umwickeln, Wärmflasche auflegen; Dauer: 30 Minuten; zur Unterstützung der Entgiftungsfunktion der Leber den Wickel auch bei Schmerzfreihet 2- bis 3-mal pro Woche durchführen.

Tipps:

- Meiden Sie alles, was Ihre Leber zusätzlich belastet, wie etwa Alkohol, Nikotin, unnötige Medikamente und schwer verdauliche Fette.
- Verwenden Sie leicht verdauliche Fette wie kaltgepresstes Sonnenblumen- oder Weizenkeimöl, in schweren Fällen sollten Sie durchaus auch auf MCT-Fette aus dem Reformhaus, die weder Gallensäuren noch Lipasen vor der Aufnahme im Darm benötigen zurückgreifen.
- Leber- und Gallenschmerzen immer vom Arzt oder Heilpraktiker abklären lassen.

Magen-/Darmbeschwerden

Verdauungsprobleme sind leider weit verbreitet. Dabei haben wir es selbst in der Hand, ob wir an Durchfall oder Verstopfung, erhöhten Blutfettwerten oder Sodbrennen leiden oder nicht. Unsere Ernährungsgewohnheiten spielen dabei die Hauptrolle. Hinzu kommt oft, dass wir uns nicht ausreichend bewegen, zu wenig trinken und im Alltag keine gesunde Balance zwischen Anspannung und Entspannung finden.

Diese Anwendungen helfen
- Täglich verdünnte Sole trinken, das regt die Eigenbewegung von Magen und Darm an und harmonisiert die Verdauung;
- täglich mindestens 2,5 Liter kohlensäurefreies Quellwasser trinken;

Beschwerden von A–Z

- bei Bauchschmerzen oder -krämpfen hilft eine Bauchbinde mit 3-prozentiger Solelösung (30 g Salz auf 1 l warmes Wasser): Tuch eintauchen, auswringen, auf den Bauch legen, trockenes Handtuch darum wickeln und eventuell eine Wärmflasche auflegen; Dauer: 30 Minuten;
- 1-mal pro Woche bis täglich ein Einlauf mit 1-prozentiger Solelösung (10 g Kristallsalz auf 1 l körperwarmes Quellwasser);
- bei Magenübersäuerung und Sodbrennen 1 Glas lauwarmes Quellwasser mit $^1/_2$ Teelöffel Kristallsole und 1 Teelöffel Natriumbikarbonat (Kaiser-Natron aus der Apotheke) trinken; danach zwei weitere Gläser lauwarmes Quellwasser nachtrinken;
- bei Magenschleimhautentzündung hilft eine heiße Leibauflage mit Soleschlick: dafür Soleschlick auf die Magengegend auftragen, Tuch in heißes Wasser tauchen, auswringen, auflegen und darauf eine Wärmflasche legen; mit Handtuch abdecken und 30 Minuten ruhen; Schlick mit einem warmen feuchten Tuch abnehmen;
- bei leichtem Durchfall helfen täglich 2 Esslöffel Heilerde und 3-mal 5 Tabletten Spirulina-Algen.

Tipps:

- Achten Sie auf vollwertige, basische Ernährung mit viel Obst, Gemüse, Salat, Dinkel und Hirse. Im Gegenzug den Konsum von Fleisch, Wurst, Fisch, Eier, Milch- und Weißmehlprodukten, Süßigkeiten, Alkohol, Kaffee, Nikotin reduzieren.
- Kauen Sie die Nahrung lange und intensiv.
- Bei Stuhlverstopfung hilft morgens und abends je 1 Esslöffel Flohsamen, der vorher in Wasser eingeweicht wird.
- Jeder Schritt und jede Bewegung regt gleichzeitig auch den Darm an: also möglichst viel bewegen!

MENSTRUATIONSBESCHWERDEN

Bei Schmerzen, Krämpfen, Kopfschmerzen, nervöser Reizbarkeit und depressiver Verstimmung während der Menstruation kann die Kristallsole ausgezeichnete Hilfe leisten. Diese Symptome tauchen auf, weil im Körper vermehrt Säuren aktiviert werden, die dann über das Menstruationsblut ausgeschieden werden. Bei schwereren Störungen, die nicht abklingen, unbedingt einen Gynäkologen aufsuchen!

DIESE ANWENDUNGEN HELFEN

- Regelmäßig verdünnte Sole trinken;
- während der Menstruation 3 bis 4 Liter Quellwasser trinken, damit am besten schon 2 bis 3 Tage vorher beginnen;
- bei Krämpfen im Unterleib hilft eine Bauchbinde mit 3-prozentiger Solelösung (30 g Salz auf 1 l warmes Wasser): Tuch eintauchen, auswringen, auf den Bauch legen, trockenes Handtuch darum wickeln, Wärmflasche auflegen; Dauer: 30 Minuten; alternativ eine trockene Salzauflage mit einem erwärmten Salzsäckchen (siehe Seite 29);
- ein ansteigendes Fußbad beruhigt den Unterleib: 200 g Kristallsalz in 5 Liter Wasser auflösen, bei 35 °C beginnen und langsam heißes Wasser zufließen lassen, bis die Endtemperatur von 39 bis 40 °C erreicht ist; Dauer: 10 bis 15 Minuten;
- bei beginnenden Kopfschmerzen Nacken, Stirn und Schläfen mit konzentrierter Sole einreiben;
- bei starken Kopfschmerzen lindert eine kalte Stirnkompresse mit 5-prozentiger Solelösung (5 g Salz auf 100 ml Wasser), mehrmals wechseln;
- reizbar oder depressiv? In den meistbenutzten Räumen Salzkristalllampen aufstellen, deren Farbschwingungen eine harmonisierende und aufhellende Wirkung auf die Psyche haben.

Tipps:

> - Ernähren Sie sich während der Menstruation rein basisch, also hauptsächlich von Obst, Gemüse, Salat und Hirse, um Ihren Körper nicht mit weiteren Säuren zu belasten.
> - Nehmen Sie 3-mal täglich 200 mg Magnesium bis zum Abklingen der Beschwerden ein.

Mittelohrentzündung

Eine Mittelohrentzündung entsteht meist als Folge einer Infektion des Nasen-Rachenraums. Das Mittelohr wird nicht mehr belüftet, Krankheitserreger können sich ungehindert vermehren. Ziehen Sie in diesem Fall bitte Ihren Arzt oder Heilpraktiker zu Rate. Was können Sie selbst dagegen tun? Sie können so weit wie möglich die Schmerzen lindern und dafür sorgen, dass die Schleimhäute in Nase und Rachen nun schnell abschwellen – und eben das funktioniert wunderbar mit Kristallsole.

Diese Anwendungen helfen

- Täglich verdünnte Sole trinken;
- täglich 3 Liter Quellwasser oder mehr trinken, am besten leicht angewärmt;
- 2- bis 5-mal täglich eine Nasenspülung, um die Nasenschleimhäute abschwellen zu lassen;
- 1- bis 2-mal täglich eine Sole-Inhalation (30 g Salz auf 2 l Wasser); Dauer: 10 bis 20 Minuten;
- einen kleines Stück Watte mit 5 Tropfen Olivenöl, 2 Tropfen konzentrierter Sole sowie 1 Tropfen ätherischem Cajeputöl tränken, in den Gehörgang legen; nach einigen Stunden erneuern;
- gegen Schmerzen hilft eine warme Auflage mit Kristallsalz im Leinensäckchen: Salzsäckchen im Backofen auf bis zu 60 °C aufwärmen und 20 Minuten lang auf das Ohr legen; mehrmals täglich wiederholen;

- 1-mal täglich eine feuchte Kristallsalzauflage: 2 Hände voll gemahlenes Kristallsalz mit etwas warmem Wasser zu einer Paste verrühren und in ein Baumwolltuch geben; das schmerzende Ohr für 5 Minuten auf das Tuch legen; das Ohr danach nicht abwaschen;
- wegen der engen Beziehung von Ohren und Nieren 1-mal täglich einen heißen, feuchten Umschlag mit hoher Solekonzentration (100–200g Kristallsalz auf 1 l Wasser) auf die Nierengegend legen;
- bei hohem Fieber (ab 40°C) helfen Wadenwickel mit 1- bis 10-prozentiger Solelösung (1–10g Salz auf 100ml Wasser); alle 10 bis 15 Minuten wechseln;
- bei chronischer Ohrenentzündung 1-mal wöchentlich ein Salzhemd.

TIPP:

Bei akutem Krankheitsbeginn alle 2 Stunden 500mg Vitamin C und 5 bis 10mg Zink, später diese Dosis 3-mal täglich einnehmen.

MUNDGERUCH

Schlechter Geruch aus dem Mund kann seine Ursache im Mund- oder Rachenraum, aber auch im Magen oder Darm haben. Viele Leiden im Mund sind auf eine Übersäuerung im Mundbereich zurückzuführen. Sole neutralisiert den pH-Wert und stellt eine gesunde Mundflora her. Auf jeden Fall sollten Sie bei Mundgeruch vorsichtshalber auch Ihren Zahnarzt aufsuchen.

DIESE ANWENDUNGEN HELFEN
- Täglich verdünnte Kristallsole zur Normalisierung der Flora im gesamten Verdauungstrakt trinken;
- Zähne mit konzentrierter Sole putzen;
- morgens mit konzentrierter Sole 2 bis 3 Minuten lang gurgeln, die Sole nicht hinunterschlucken;

Beschwerden von A–Z

> **HINWEIS:**
> Manchmal reichen all diese Maßnahmen im Mundraum allein nicht aus, um Mundgeruch zu beseitigen. Dann kann eine Umstellung der Ernährung oder eine Darmsanierung Abhilfe schaffen.

- stark entgiftend wirkt Kristallölziehen: 3 Teelöffel Kristallsole mit 100 ml Oliven- oder Sesamöl verschütteln; morgens nüchtern 1 Esslöffel Kristallöl in den Mund nehmen und 10 bis 20 Minuten kauen und durch die Zähne ziehen; danach ausspucken und die Zähne putzen, dabei auch die Zunge mit der Zahnbürste reinigen;
- bei Zahnfleischbluten, Parodontose, Zahnstein, Karies und Mundgeruch hilft Salzkauen: 1-mal täglich 1 Teelöffel grobkörniges Kristallsalz mit etwas Wasser so lange kauen, bis es sich aufgelöst hat;
- einmal täglich mit Kristallsole inhalieren (30 g Salz auf 2 l Wasser); Dauer: 10 bis 20 Minuten.

MUSKELVERSPANNUNGEN

Immer mehr Menschen leiden unter Verspannungen, weil sie sich zu wenig bewegen oder längere Zeit in einseitiger Haltung am Computer verbringen. Hier gibt es vielseitige Möglichkeiten, mit Wasser und Salz Erleichterung zu schaffen.

DIESE ANWENDUNGEN HELFEN
- Ausreichend Wasser zum Abtransport von Säuren trinken;
- schmerzende Stellen 2-mal täglich mit Muskel-Kristallöl einreiben: dafür 100 ml Johanniskrautöl mit 2 TL Kristallsole und jeweils 3 Tropfen ätherischem Öl von Ingwer, Zimt, Rosmarin und Wacholder verschütteln und kräftig einmassieren;

- bei Rückenverspannungen hilft 3- bis 4-mal pro Woche ein Solebad;
- Verspannungen im Rückenbereich lindert ein Salzhemd 1-mal pro Woche;
- ein Umschlag mit 10-prozentiger Solelösung (100 g Salz auf 1 l warmes bis heißes Wasser) mehrmals pro Woche auf die schmerzenden Bereiche legen;
- eine heiße Rolle lindert Nacken-, Schulter- oder Rückenverspannungen und Muskelverhärtungen: 3 bis 4 Handtücher aufeinander legen, einmal zusammenfalten und so aufrollen, dass eine spitze Tüte entsteht; in die Tütenöffnung 1 Liter heiße 3-prozentige Sole gießen (30 g Salz auf 1 l kochendes Wasser), die Rolle auswringen. Die zusammengelegte Rolle sanft auf die schmerzende Stelle legen; so lange dort belassen, bis das äußere Handtuch ausgekühlt ist; nun die nächste Schicht auspacken. So weiter verfahren, bis alle Handtücher erkaltet sind;
- trockene warme Salzauflage so lange auf der schmerzenden Stelle liegen lassen, bis das Salz abgekühlt ist;
- ein Öl-Salz-Peeling 2-mal pro Woche an der betroffenen Stelle oder am ganzen Körper lindert;
- hin und wieder ein Aufenthalt im Floatorium verschafft echte Tiefenentspannung.

NASENNEBENHÖHLENENTZÜNDUNG (SINUSITIS)

Wenn es um die Abwehrkräfte nicht gut bestellt ist, kann sich aus einem einfachen Schnupfen schnell eine Entzündung der Nasennebenhöhlen entwickeln. Ein häufiges Symptom sind starke Kopfschmerzen. Es ist wichtig, diese Entzündung gut auszuheilen, denn sie wird leicht chronisch und macht den Betroffenen das Leben durch eine ständig verstopfte Nase, Druck im Kopf und Konzentrationsstörungen schwer.

Beschwerden von A–Z

Diese Anwendungen helfen
- Täglich verdünnte Sole trinken;
- täglich 2,5 bis 3 Liter möglichst warmes Quellwasser trinken;
- täglich morgens und abends eine Nasenspülung mit 1-prozentiger Solelösung;
- bei akuter Entzündung 2-mal täglich, bei chronischer Entzündung alle 2 Tage Sole inhalieren (30 g Salz auf 2 l Wasser); Dauer: 10 bis 20 Minuten;
- zur Befeuchtung der Schleimhäute 1-prozentige Sole in ein Sprühfläschchen füllen, mehrmals täglich in die Nase zerstäuben und hochziehen;
- bei chronischer Nebenhöhlenentzündung 2-mal pro Woche heiße Auflagen mit Soleschlick: den Schlick auf die Nebenhöhlen auftragen, ein heißes, feuchtes Tuch darüber legen; sobald es abgekühlt ist, erneuern, nach 15 Minuten abwaschen;
- 1-mal täglich ein aufsteigendes Fußbad mit 10-prozentiger Solelösung; bei 35 °C beginnen, langsam heißes Wasser zulaufen lassen und erst dann damit aufhören, wenn die Endtemperatur von 39 bis 40 °C erreicht ist; Dauer: 10 bis 15 Minuten;
- ein Ionisator im Schlafzimmer bringt bei chronischer Nasennebenhöhlenentzündung Linderung;
- kurmäßiger Aufenthalt in einem Heilstollen.

Tipps:
- Zur Stärkung des Immunsystems täglich 2 g Vitamin C und 10 mg Zink einnehmen, bei beginnendem Infekt alle 2 Stunden 500 mg Vitamin C und 5 bis 10 mg Zink.
- Regelmäßige Saunabesuche stärken die Immunabwehr.
- Verzichten Sie auf Milch und Milchprodukte, da sie zusätzlich stark verschleimen.

NEURODERMITIS

Diese Hauterkrankung beginnt häufig im frühen Kindesalter. Meist hat sie allergische und genetische Ursachen, aber auch psychische Faktoren und Fettstoffwechselstörungen spielen eine Rolle. Deshalb kann die Salztherapie nicht allein die Heilung herbeiführen, doch sie kann eine große Hilfe sein, wenn es darum geht, den Juckreiz zu lindern, das Immunsystem aufzubauen und die Hautregeneration zu unterstützen.

DIESE ANWENDUNGEN HELFEN

- Regelmäßiges Trinken von verdünnter Kristallsole, bei Säuglingen nur einige Tropfen ins Trinkwasser;
- täglich 2,5 bis 3 Liter Quellwasser zur Entgiftung trinken, Kinder entsprechend weniger;
- ein Solebad 2-mal pro Woche (1 kg Salz auf 100 l Wasser, für die Kinderwanne 200 g auf 20–25 l); danach nicht abduschen;
- wenn nur Hände, Arme oder einzelne Stellen betroffen sind: 3- bis 7-mal pro Woche Kristallsole-Peloid dünn auf die betroffenen Stellen auftragen und nach 20 Minuten abwaschen;
- betroffene Stellen täglich mit Salbei-Kristall-Öl einreiben: dafür 100 ml hochwertiges Olivenöl mit 2 TL Kristallsole und 5 Tropfen ätherischem Salbeiöl vermischen und vor Gebrauch schütteln;
- ein Aufenthalt im Floatorium bringt Entspannung, gleicht die Psyche aus und stillt den Juckreiz.

! BITTE BEACHTEN:

Zu Beginn der Behandlung kann es zu einer kurzzeitigen Verschlimmerung der Symptome kommen. Sehen Sie dies als Zeichen der einsetzenden Wirkung. Bei starken Reaktionen die Dosierung reduzieren oder die Behandlung einige Tage unterbrechen.

Beschwerden von A–Z

TIPPS:

- Meiden Sie Kuhmilch, aber auch anderes tierisches Eiweiß sowie Weizen und Zucker.
- Gamma-Linolensäure, über mehrere Wochen täglich in einer Dosierung von 2 bis 3 g eingenommen, kann eine deutliche Besserung bewirken.
- Bei Kindern ist häufig eine psychologische Therapie gemeinsam mit den Eltern empfehlenswert.

NIEREN- UND BLASENERKRANKUNGEN

Die Nieren regulieren unseren Wasser- und Salzhaushalt und entgiften unseren Körper. Das Blut wird gefiltert, der Urin mit den überschüssigen Salzen und Giftstoffen gelangt in die Blase und wird schließlich ausgeschieden. Indem das Verhältnis von Wasser und Salzen gesteuert wird, bleibt nicht nur die Konzentration von Flüssigkeit und Mineralien im Blut konstant, sondern auch das Säure-Basen-Gleichgewicht. Das System funktioniert aber nur, wenn ausreichend Wasser und Mineralien zugeführt werden, ansonsten wird die Körperentgiftung mit fatalen Folgen für die Gesundheit eingeschränkt. Erste Alarmzeichen für eine Nierenschwäche sind Schwellungen der Augen, Finger oder Fußknöchel, vor allem morgens. Akute Harnwegsinfekte, die gut mit Kristallsalz gelindert werden können, treten häufiger bei Frauen auf, während Männer öfter an Nierensteinen leiden, gegen die eine Sole-Trinkkur hilft.

HINWEIS:

Falls Sie unter einer Nieren- oder Blasenerkrankung leiden, sollten Sie Ihren Arzt oder Heilpraktiker bezüglich einer Sole-Trinkkur um Rat fragen. Eine Menge von 10 Tropfen Sole täglich kann bereits ausreichen, um einen Heilungsimpuls zu erzielen.

Diese Anwendungen helfen

- Täglich bis zu 1 Teelöffel Sole verdünnt trinken, Ausnahme: Nierenschwäche;
- täglich 2 bis 3 Liter Quellwasser trinken;
- täglich 1-mal Kristallöl zur Unterstützung der Nierenfunktion in die Nierengegend einreiben: dafür 3 TL konzentrierte Sole in 100 ml Olivenöl verschütteln und 3 Minuten lang kräftig einmassieren; am besten zwischen 17 und 19 Uhr, da dann die Nieren am aktivsten sind;
- täglich ein heißes Fußbad vor dem Schlafengehen stärkt Nieren und Blase: dafür 100 bis 200 g Salz in 10 Liter Wasser auflösen; Dauer: 10 bis 15 Minuten;
- bei Nieren- oder Blasenschmerzen heiße, feuchte Umschläge mit hoher Solekonzentration (100–200 g Kristallsalz auf 1 l Wasser);
- bei Blasenentzündung den Unterbauch sanft mit Kristallöl (3 TL Sole mit 100 ml Sesamöl verrühren) 5 Minuten lang kreisförmig massieren, danach für 10 Minuten ein feuchtes, heißes Tuch auflegen;
- bei Blasenentzündung lindern heiße Auflagen mit Soleschlick: den Schlick auf der Blasengegend auftragen, ein heißes, feuchtes Tuch darüber legen, bei Abkühlung erneuern; Dauer: 15 Minuten;
- es hilft auch ein Sitzbad mit 500 g bis 1 kg Kristallsalz auf 50 l Wasser, die Nieren beim Baden bedecken;
- zur Schmerzlinderung eine trockene, warme Salzauflage auf Nieren oder Blase.

Tipps:

- **Trinken Sie bei Harnwegsinfektionen täglich 1 Liter Bärentraubenblättertee gemischt mit Brennnessel und zusätzlich mindestens 4 Liter Quellwasser.**
- **Ersetzen Sie jegliches Kochsalz in Ihrer Nahrung durch Kristallsalz.**
- **Neigung zur Steinbildung? Fleisch, Wurst, Hülsenfrüchte, Fisch, Spinat und Rhabarber meiden.**

OPERATIONEN (REKONVALESZENZ)

Nach Operationen aller Art hilft Kristallsalz, schneller wieder zu Kräften zu kommen. Doch auch die Operationswunde verheilt mithilfe von Kristallsalz ohne Probleme, die Narbenbildung wird verringert, sodass eine glatte Narbe ohne Wucherungen entstehen kann.

DIESE ANWENDUNGEN HELFEN

- Regelmäßiges Trinken verdünnter Kristallsole;
- täglich 2,5 bis 3 Liter energiereiches Quellwasser trinken;
- wenn es die Operationsnarbe zulässt, alle 1 bis 2 Tage ein Solebad mit 1,2 kg Salz auf 120 Liter Wasser – das beschleunigt die Rekonvaleszenz und stärkt das Immunsystem;
- 1- bis 2-mal pro Woche ein Öl-Salz-Peeling als Regenerationskur für den Körper (siehe Seite 31);
- 1- bis 2-mal täglich ein kalter Soleumschlag mit 1-prozentiger Solelösung auf die Wunde (1 g Salz auf 100 ml Quellwasser, kein Leitungswasser verwenden); das Tuch immer wieder befeuchten und neu auflegen; Dauer: 15 Minuten;
- sobald sich die Wunde geschlossen hat, 1-mal täglich ein Umschlag mit Soleschlick: den Schlick auf die Wunde auftragen, ein feuchtes Tuch darüber legen; nach 30 bis 60 Minuten abwaschen, danach mit Öl oder einer fetten Creme einreiben;
- mindestens 2-mal täglich die Narbe mit Kristall-Narbenöl einreiben: dafür 50 ml Hagebuttensamenöl (alternativ Olivenöl) mit 1 TL konzentrierter Kristallsole und 2 Tropfen ätherischem Narzissenöl mischen und 3 bis 5 Minuten kräftig in die Narbe einmassieren;
- ein Besuch im Floatorium zum »Aufladen der Batterien« und zur Tiefenentspannung.

OSTEOPOROSE

Wenn die Diagnose Osteoporose gestellt wird, liegt eine Verminderung der Knochensubstanz und -struktur vor. Es kommt vermehrt zu Knochenbrüchen und Schmerzen, in ausgeprägten Fällen zu Wirbelverformungen und einem Rundrücken. Einige der vielen Ursachen sind Hormonstörungen, Östrogenmangel in den Wechseljahren, aber auch zu wenig Bewegung, Übersäuerung, Kalziummangel oder Bindegewebserkrankungen.
Wer sportlich aktiv ist, sich kalzium- und basenreich ernährt und versucht, sein Normalgewicht zu halten, kann einer Osteoporose vorbeugen. Und dann ist da noch das Kristallsalz: Es stellt dem Körper die Mineralien zur Verfügung, die er für den gesunden Aufbau von Knochen benötigt, und zwar in einer Form, in der sie leicht verwertbar sind.
Übrigens: Die Aufnahme von Kalzium aus pflanzlichen Quellen oder der Kristallsole ist wesentlich effektiver als die Aufnahme aus der Milch.

DIESE ANWENDUNGEN HELFEN

- Täglich 1 Teelöffel verdünnte Kristallsole trinken;
- täglich 2 bis 3 Liter Quellwasser ohne Kohlensäure trinken;
- 2-mal pro Woche ein Vollbad mit mindestens 1,2 kg Salz auf 120 Liter Wasser nehmen;
- 1-mal pro Woche das Salzhemd anwenden;
- mehrmals täglich die schmerzenden Stellen mit konzentrierter Sole einreiben und antrocknen lassen;
- bei Schmerzen helfen warme Umschläge mit Soleschlick: den Schlick gleichmäßig auf die betroffenen Stellen auftragen, mit einem feuchten, warmen Baumwolltuch abdecken; Dauer: 1 bis 2 Stunden;
- bei Rücken- oder Rumpfschmerzen einen warmen Rumpfwickel mit 3-prozentiger Solelösung (30 g Salz auf 1 l warmes Wasser) auflegen.

Tipps:

- Gehen Sie regelmäßig schwimmen – das stärkt die Knochen auf schonende Weise.
- Bewegen Sie sich so oft wie möglich im Freien, am besten in der Sonne, da Vitamin D erst unter UV-Einwirkung aus seinen Provitaminen im Körper entsteht. Denn Vitamin D und Bewegung sind für kräftige Knochen unerlässlich.
- Ergänzend können Sie täglich 500 mg Kalzium, 200 mg Magnesium, 400 I. E. Vitamin D und 50 mg Kieselsäure einnehmen.
- Nehmen Sie Kalzium aus pflanzlichen Quellen wie Sesam, Nüssen und Hülsenfrüchten zu sich.
- Wer regelmäßig Sojaprodukte isst, nimmt ausreichend Phytoöstrogene, die einer Osteoporose vorbeugen, zu sich. Japanische Frauen, die stets viel Soja essen, kennen keine Osteoporose!

Prämenstruelles Syndrom (PMS)

Etwa eine Woche vor der Menstruation beginnen viele Frauen unter einem Spannungsgefühl in den Brüsten, unter Flüssigkeitseinlagerungen, Hautproblemen, Kopf- und Rückenschmerzen, Reizbarkeit und Stimmungsschwankungen zu leiden. Mit Beginn der Menstruation verschwinden die Beschwerden wieder. Verantwortlich dafür ist wahrscheinlich ein Ungleichgewicht der Sexualhormone. Die Einnahme von Kristallsole hat ausgleichende Wirkung auf das Hormonsystem, äußerliche Anwendungen lindern parallel dazu die Symptome.

Diese Anwendungen helfen

- Regelmäßig verdünnte Kristallsole trinken;
- täglich 2 bis 3 Liter Quellwasser, eine Woche vor der Menstruation bis zum Ende der Monatsblutung 3 bis 4 Liter Quellwasser täglich trinken;

- in den Tagen vor der Menstruation hilft ein tägliches ansteigendes Sitzbad zur Harmonisierung des hormonellen Gleichgewichts: dafür 1 kg Kristallsalz in 40 Liter 35 °C warmem Wasser auflösen, in die Wanne setzen und so lange heißes Wasser langsam zufließen lassen, bis die Endtemperatur von 39 bis 40 °C erreicht ist; Dauer: 10 bis 15 Minuten;
- alternativ zum Sitzbad täglich ein warmer Bauchwickel: 30 g Salz auf 1 Liter warmes Wasser, ein Tuch damit tränken, auswringen, auf den Bauch legen, mit einem Handtuch abdecken, und nach Belieben eine Wärmflasche auflegen; Dauer: 30 Minuten;
- bei Spannungsgefühl in den Brüsten hilft ein Brustwickel: 50 g Salz in 500 ml kaltem Wasser auflösen, ein Baumwolltuch damit tränken, auswringen, auf die Brust legen, Oberkörper mit großem Handtuch umwickeln; Dauer: 30 bis 60 Minuten;
- oder 1-mal täglich ein ansteigendes Armbad: 100 g Salz in 1 Liter 35 °C warmem Wasser auflösen, Arme hineinlegen; langsam heißes Wasser zulaufen lassen, bis die Endtemperatur von 39 bis 40 °C erreicht ist; Dauer: 10 bis 15 Minuten;
- bei Hautunreinheiten konzentrierte Sole auftragen;
- bei Reizbarkeit und Stimmungsschwankungen zur Harmonisierung eine Salzkristall-Lampe in den am häufigsten benutzten Räumen (Wohnzimmer, Arbeitszimmer und Schlafzimmer) aufstellen.

Tipps:

- **Nehmen Sie 3-mal täglich (nicht nur während der Beschwerdezeiten) eine Kapsel mit je 500 mg Nachtkerzensamenöl ein – das lässt die Beschwerden langfristig abklingen.**
- **Erlernen Sie eine Methode, mit der Sie entspannen können (etwa Meditation oder Qigong) und bauen Sie diese täglich in Ihren Tagesablauf ein.**

Beschwerden von A–Z

Hinweis:
Die Angst, es könnte sich durch das viele Wassertrinken in der prämenstruellen Phase verstärkt Flüssigkeit im Körper einlagern, ist unbegründet. Im Gegenteil: Der Körper löst vor der Menstruation Schlacken aus dem Bindegewebe, um sie später über die Blutung auszuscheiden. Das Quellwasser, das Sie trinken, unterstützt die Ausscheidung dieser Säuren.

Psoriasis (Schuppenflechte)

Die Schuppenflechte ist eine häufig vererbte Erkrankung, die viele weitere Ursachen wie etwa eine ungesunde Darmflora, Fettstoffwechsel- und Enzymstörungen haben kann. Salzbehandlungen können die Ursachen nur zum Teil beeinflussen, doch sie können die Folgeerscheinungen immens lindern. Nicht umsonst ist die Behandlung mit Wasser, Salz und Licht schon immer Teil der schulmedizinischen Psoriasis-Behandlung.

Diese Anwendungen helfen
- Regelmäßiges Trinken von verdünnter Kristallsole zur Regeneration der Darmflora;
- 2,5 bis 3 Liter Quellwasser täglich unterstützen die Entgiftung des Körpers;
- 2-mal pro Woche ein Solebad (3 kg Kristallsalz auf 100 l Wasser, wenn keine offenen Hautstellen vorhanden sind; später auch höhere Salzkonzentration; bei offenen Hautstellen mit 1 kg Salz auf 100 l Wasser beginnen), danach nicht abduschen; Dauer: maximal 20 Minuten;
- wenn nur vereinzelte Stellen betroffen sind, täglich Kristallsole-Peloid dünn auftragen, nach 20 Minuten abwaschen; oder konzentrierte Sole verwenden;
- Ellbogen oder Knie über Nacht mit einem Salzumschlag behandeln;

- bei Befall der Kopfhaut diese täglich mit konzentrierter Kristallsole einreiben;
- die Haut täglich mit Oregano-Kristallöl einreiben: dafür 50 ml Avocadoöl mit 50 ml Olivenöl, 2 TL Kristallsole und 6 Tropfen ätherischem Oreganoöl mischen, vor Gebrauch schütteln;
- konzentrierte Kristallsole auf die betroffenen Stellen tupfen und 10 Minuten in der Sonne einwirken lassen (Lichttherapie);
- regelmäßiger Besuch eines Floatoriums (1-mal pro Woche) als Ersatz für ein Bad im Meer.

Tipps:

- Meist bringen bereits der Verzicht auf tierisches Eiweiß, insbesondere Schweinefleisch, und die Umstellung auf basische Vollwertkost eine schnelle Besserung.
- Die in Nachtkerzensamenöl enthaltene Gamma-Linolensäure kann eine deutliche Verbesserung bewirken. Nehmen Sie deshalb über Wochen bis Monate täglich 2 Kapseln mit je 500 mg ein.

RHEUMATISCHE ERKRANKUNGEN

Die Bezeichnung Rheumatismus umfasst eine Vielzahl von Krankheitsbildern des Bewegungsapparats, wie zum Beispiel Polyarthritis oder Gelenkarthrosen. Es kann dabei zu Schmerzen, Funktionseinschränkungen und zur Versteifung bis hin zur Deformierung kommen. Auch das Bindegewebe innerer Organe, wie etwa Herz oder Lunge, kann von rheumatischen Erkrankungen betroffen sein.

Was im Volksmund als Rheuma bezeichnet wird, ist die chronische entzündliche Polyarthritis. Anfängliche Symptome sind Morgensteifigkeit, Abgeschlagenheit, leichte Temperaturerhöhung, später folgen Gelenkschwellungen und -schmerzen, Rheumaknoten und schließlich die Rückbildung der Muskulatur. Die Ursachen sind bis heute nicht eindeutig geklärt. Wichtige Faktoren sind aber Wassermangel und ungünstige Ernährung, wodurch es zu Ablagerungen von kristallisierten Schlacken an den Gelenken kommen kann. Mithilfe von Kristallsole können diese Ablagerungen aufgelöst werden, vorausgesetzt es wird ausreichend Wasser getrunken. Äußerlich angewandt lindert Kristallsalz Schmerzen und Entzündungen und unterstützt zudem den Abtransport von Schlacken.

DIESE ANWENDUNGEN HELFEN

- Jeden Morgen 1 Teelöffel Kristallsole mit Quellwasser verdünnt auf nüchternen Magen trinken;
- täglich etwa 3 Liter Quellwasser trinken;
- täglich ein kalter Umschlag mit konzentrierter Kristallsole auf die schmerzenden Stellen, den Umschlag nach Erwärmung immer wieder kalt erneuern; Dauer: 20 bis 30 Minuten;
- morgens eine kalte Waschung mit 10-prozentiger Sole (10 g Salz auf 100 ml kaltes Wasser): Leinen- oder Baumwolllappen in Sole tauchen, auswringen und den ganzen Körper mit schnellen Bewegungen abwaschen; nicht abtrocknen, danach zum Erwärmen ins Bett legen; wirkt im akuten wie im chronischen Stadium gleichermaßen;
- 1-mal pro Woche ein Öl-Salz-Peeling des Körpers zur Entgiftung über die Haut (siehe Seite 31);

HINWEIS:

Bei Entzündung und Hitzegefühl an den betroffenen Körperstellen bitte keine warmen äußerlichen Anwendungen: Hier bringt meist Kälte Besserung. Bei Abnutzungserscheinungen des Bewegungsapparats hingegen tut Wärme gut. Aber das spüren Sie sicherlich selbst am besten.

- betroffene Stellen täglich 2- bis 3-mal mit Rheuma-Kristallöl einreiben: dafür 100 ml Olivenöl mit 3 TL Kristallsole und je 2 Tropfen der ätherischen Öle von Cajeput, Lavendel, Ysop, Eukalyptus und Kamille mischen, vor Gebrauch schütteln;
- bei akuten Entzündungen Soleschlick auftragen, ein kaltes Tuch darüber legen, nach 1 bis 2 Stunden abwaschen; danach eincremen oder die Stelle mit Rheuma-Kristallöl einreiben;
- Hände oder Füße betroffen? Dann jede Nacht Salzhandschuhe oder -socken mit 10-prozentiger Sole anwenden (20 g Salz auf 200 ml Wasser);
- bei Befall von Händen und Füßen regelmäßig ein Teilbad mit mindestens 10-prozentiger Sole (100 g Salz auf 1 l Wasser); nach Belieben noch 1 Teelöffel Natriumbikarbonat zufügen, um das Auflösen der abgelagerten Kristalle weiter zu beschleunigen;
- bei Schmerzen mit degenerativem Ursprung und bei Verlangen nach Wärme wirkt die trockene Salzauflage lindernd; dazu das Salzsäckchen im Backofen erwärmen und auf die betroffene Stelle legen;
- 3- bis 4-mal pro Woche ein Vollbad mit 1- bis 10-prozentiger Kristallsole (mindestens 1 kg Kristallsalz auf 100 l Wasser) zur Entsäuerung, aber nicht im akuten entzündlichen Schub; beim Baden alle 5 bis 10 Minuten den Körper abbürsten;
- Besuch eines Floatoriums zur Schmerzlinderung, aber nicht im akuten entzündlichen Stadium.

HINWEIS:
Bei rheumatischen Erkrankungen ist es wichtig, die Sole-Trinkkur über längere Zeit durchzuführen, da der Körper die Ablagerungen in den Gelenken nur langsam abtransportiert. Lassen Sie sich dabei von einer Erstverschlimmerung nicht entmutigen!

Beschwerden von A–Z

> **TIPPS:**
> - Bewegen Sie sich mäßig, aber regelmäßig! Gehen Sie spazieren oder schwimmen, machen Sie Finger- und Zehengymnastik.
> - Autoimmunerkrankungen gehen oft mit einem Ungleichgewicht der Darmflora einher. Führen Sie deshalb eine grundlegende Darmsanierung durch.
> - Reduzieren Sie Fleisch, Fisch, Geflügel und Zucker und essen Sie regelmäßig Obst, Gemüse und Salat.
> - Nehmen Sie täglich mindestens 15 bis 20 Tabletten Spirulina-Algen (je 400 mg) über den Tag verteilt ein.
> - Trinken Sie regelmäßig Tees aus Brennnessel, Löwenzahn oder Birke und wechseln Sie diese ab.

SCHLAFSTÖRUNGEN

Wenn Ereignisse über einen hereinbrechen, die belasten und die man nur schlecht verarbeiten kann, dann ist oft auch der Schlaf gestört. Organische Ursachen wie Herzschwäche oder Gehirnentzündung sowie psychische Erkrankungen wie Depressionen sind eher selten die Ursache. Einschlafstörungen treten oft bei Schmerzen, Sorgen, Stress, aber auch aufgrund falscher Lichtverhältnisse oder Essgewohnheiten auf. Durchschlafstörungen sind häufig im Alter oder bei Fieber zu beobachten. Morgendliches Früherwachen hingegen findet man manchmal im Rahmen einer Depression. Bei allen Arten von Schlafstörungen spielt Serotoninmangel eine Rolle.

DIESE ANWENDUNGEN HELFEN

- Regelmäßig verdünnte Kristallsole trinken;
- zur Beruhigung und für ein harmonisches Raumklima in den meistbewohnten Zimmern und im Schlafzimmer Salzkristall-Lampen aufstellen;
- vor dem Schlafengehen hilft eine kalte Waschung des Unterkörpers mit 5-prozentiger Sole (5 g Salz auf

> **Tipps:**
>
> - Schlafen Sie kühl und dunkel. So wird mehr schlaf-förderndes Melatonin ausgeschüttet.
> - Spätestens gegen 18 Uhr fettarm sowie leicht Verdauliches zu Abend essen und dabei weitgehend auf Rohkost verzichten.
> - Kein Kaffee, schwarzer Tee und kein Alkohol am Abend, das mindert die Tiefschlafphase.
> - Trinken Sie vor dem Schlafengehen ein Glas lauwarme Milch oder Sojamilch mit dem Saft einer halben Zitrone und 1 Teelöffel Honig. Das stimuliert die Produktion von Serotonin und Melatonin, die beide einen gesunden Schlaf fördern.

100 ml kaltes Wasser): dafür einen Leinen- oder Baumwolllappen in Sole tauchen, auswringen und am rechten Fußrücken beginnend das Bein außen bis zur Hüfte waschen; über die Leiste und von innen bis zum Fuß hinunter abwaschen und die Fußsohle behandeln; danach das Tuch umschlagen, den Ablauf noch einmal wiederholen; den Lappen erneut in die Sole tauchen, auswringen und am linken Bein ebenso verfahren; nach der Waschung nicht abtrocknen und sofort ins Bett legen;
- abends macht ein absteigendes Vollbad mit 1-prozentiger Sole (etwa 1,2 kg Salz auf 100 l Wasser) müde: in 37 °C warmes Wasser setzen und langsam kaltes Wasser zulaufen lassen, bis die Temperatur auf etwa 28 °C gesenkt ist; Dauer: 10 Minuten;
- alternativ zum absteigenden Vollbad ein Vollbad mit 1-prozentiger Sole bei 34 bis 36 °C; Dauer: 20 Minuten; nicht bei niedrigem Blutdruck;
- wer nächtelang grübelt, dem helfen kalte Wadenwickel oder Salzkniestrümpfe mit 1-prozentiger Sole (10 g Salz auf 1 l Wasser);
- zum Stressabbau ein Besuch im Floatorium.

Schmerzen

Schmerz ist Zeichen für ein Übermaß an Säuren und einen Mangel an fließender Energie. Schmerzen aller Art können mit Soleanwendungen durch die ausgleichende Kraft des Kristallsalzes gelindert werden. Da im Salz sämtliche Elemente enthalten sind, aus denen unser Körper besteht, bietet es auch alles, wonach der Organismus gerade verlangen könnte. Die benötigte Energie wird zugeführt und Stauungen lösen sich auf.

Diese Anwendungen helfen

- Regelmäßiges Trinken verdünnter Kristallsole;
- täglich 2 bis 3 Liter Quellwasser trinken, bei akuten Schmerzen mehr, um die überschüssigen Säuren abzutransportieren;
- ein kalter oder warmer Umschlag mit 1- bis 10-prozentiger Kristallsole (10–100 g Kristallsalz auf 1 l Wasser) auf die schmerzende Stelle legen, bei offenen Wunden nur 1-prozentige Sole verwenden;
- bei chronischen Schmerzen alle 2 Tage Soleschlick auf die betroffenen Stellen auftragen, mit einem feuchten Tuch abdecken oder umwickeln; Dauer: 1 Stunde oder über Nacht; danach gründlich mit Wasser abspülen;
- eine Einreibung mit konzentrierter Kristallsole wirkt intensiv und schnell; einfach auftragen und antrocknen lassen;
- wenn der ganze Körper schmerzt, hilft ein Vollbad mit 1,2 kg Kristallsalz auf 120 l Wasser oder auch mit höherer Salzkonzentration.

Hinweis:

Sollten die Schmerzen trotz der Sole-Trinkkur und der Behandlungen mit Kristallsalz nicht aufhören, sollten Sie auf jeden Fall einen Arzt oder Heilpraktiker aufsuchen, um die Ursachen abzuklären.

SCHWERMETALLBELASTUNG

Ein Großteil der Bevölkerung ist heute mit Schwermetallen belastet. Diese Schwermetalle wie Blei, Cadmium oder Quecksilber nehmen wir vor allem über Zahnfüllungen, Nahrung, Trinkwasser sowie durch Zigarettenrauch und Auspuffgase auf. In unsere Nahrung gelangen Schwermetalle häufig über Spritzmittel in Obst, Gemüse und Getreide. Fische und Meerestiere sind durch den Missbrauch unserer Gewässer als Mülldeponien ebenfalls stark mit Giftstoffen belastet. Leider sind Symptome wie Kopfschmerzen, Konzentrationsstörungen, Abgeschlagenheit, Allergien, Schlafstörungen, Haarausfall und viele andere so unspezifisch, dass die Schwermetallvergiftung oft unerkannt bleibt. Bei vielen Betroffenen lässt sich als Folge eine krank machende Pilzbesiedlung im Darm nachweisen. Kristallsole löst belastende Giftstoffe aus dem Bindegewebe und schwemmt sie aus dem Körper.

DIESE ANWENDUNGEN HELFEN
- Regelmäßig verdünnte Kristallsole trinken, um die Schwermetalle aus dem Gewebe zu lösen;
- täglich 2,5 bis 3 Liter Quellwasser oder mehr zum Ausschwemmen der Schwermetalle trinken;
- täglich morgens Kristallölziehen zur Ausleitung über die Mundschleimhaut (siehe Seite 63);
- 1- bis 2-mal pro Woche Sauna mit Salzpeeling: vor dem Saunagang abduschen, gemahlenes Kristallsalz auf den ganzen Körper auftragen und einmassieren, dann in die Sauna gehen;
- 2-mal pro Woche ein Vollbad mit mindestens 1-prozentiger Solelösung (1,2 kg Kristallsalz auf 120 l Wasser), um die Schadstoffe aus dem Körper zu leiten;
- 1-mal pro Woche ein Öl-Salz-Peeling für den ganzen Körper zur intensiven Entgiftung über die Haut (siehe Seite 31).

Tipps:

- Amalgam in den Zähnen? Lassen Sie dieses von einem Spezialisten entfernen, jedoch nicht während Schwangerschaft oder Stillzeit. Gleichzeitig unterziehen Sie sich bitte einer Ausleitungstherapie durch einen Arzt oder Heilpraktiker.
- Verzichten Sie auf das Rauchen. Es ist eines der stärksten Therapiehindernisse und liefert Ihnen täglich Ihre Portion Schwermetalle.
- Nehmen Sie täglich etwa 20 Tabletten der Süßwasseralge *Chlorella pyrenoidosa* ein – sie binden die Schwermetalle und leiten sie über den Darm aus.
- Essen Sie täglich frischen Knoblauch oder Bärlauch. Frischer Koriander entgiftet Quecksilber intensiv, man sollte ihn aber nur einsetzen, wenn keine Amalgamfüllungen in den Zähnen sind. Lassen Sie sich von einem Arzt oder Heilpraktiker über die für Sie optimale Dosierung beraten.

Schwitzen (Hyperhidrosis)

Chronisch vermehrtes Schwitzen ist keine Krankheit an sich, sondern das Symptom einer zugrunde liegenden Störung. Ursachen können neben einer erblichen Veranlagung hormonelle Veränderungen in den Wechseljahren, Schilddrüsenüberfunktion, Zuckerkrankheit (Diabetes mellitus), psychische Belastungen oder die Einnahme von Medikamenten wie Kortikoiden oder Schmerzmitteln sein. Der Organismus versucht, eine Überlastung der inneren Ausscheidungs- beziehungsweise Entgiftungsorgane (Leber, Darm, Nieren, Lunge) auszugleichen, indem er vermehrt durch die Haut ausleitet. Kristallsole unterstützt bei innerer Anwendung die betreffenden Organe und kann bei äußerlichen Therapiemaßnahmen helfen, das Schwitzen auf ein Normalmaß zu reduzieren.

DIESE ANWENDUNGEN HELFEN

- Täglich 2 bis 3 Liter Quellwasser trinken und damit die Entgiftung unterstützen;
- regelmäßig verdünnte Kristallsole trinken;
- mehrmals pro Woche einen Leberwickel mit 10-prozentiger Solelösung (10 g Salz auf 100 ml warmes Wasser): dafür ein Tuch mit Lösung tränken, auswringen, auf die Lebergegend legen, Handtuch und Wärmflasche auflegen, 20 bis 30 Minuten ruhen;
- täglich die Nierengegend mit Kristallöl einreiben: 3 Teelöffel konzentrierte Kristallsole mit 100 ml hochwertigem Olivenöl verschütteln; am besten zwischen 17 und 19 Uhr 5 Minuten lang kräftig einmassieren – dann sind die Nieren am aktivsten;
- bei Schweißfüßen jeden Abend ein Fußbad mit 200 g Kristallsalz auf 10 l Wasser; Temperatur: etwa 37 °C, Dauer: 15 bis 20 Minuten;
- bei vermehrtem Achsel- und Fußschweiß mehrmals täglich Achseln und Füße mit einem angefeuchteten Salzbrocken abreiben;
- 3-mal pro Woche das Salzhemd zur Entgiftung;
- mindestens 1-mal pro Woche in die Sauna mit Salzpeeling: vor dem Saunagang abduschen, gemahlenes Kristallsalz auf den ganzen Körper auftragen und einmassieren, dann in die Sauna gehen;
- 1-mal pro Woche ein Öl-Salz-Peeling des ganzen Körpers (siehe Seite 31).

TIPPS:

- Heilfasten mit anschließender Umstellung der Ernährung auf basische Kost kann Ihren Körper intensiv beim Entschlacken unterstützen und übermäßiges Schwitzen reduzieren.
- Tragen Sie Unterwäsche aus Baumwolle sowie Socken aus reiner Wolle. Verzichten Sie auf enges Schuhwerk, laufen Sie so oft wie möglich in offenen Schuhen oder barfuß.

Beschwerden von A–Z

STRESS

Stressreaktionen im Körper treiben uns zu Höchstleistungen an und gehören zu einem gesunden Leben. Wichtig ist, dass auf den Stress die Entspannung folgt. Schwierig wird es, wenn sich Stresssituationen regelmäßig wiederholen und zur Dauerbelastung werden. Die Folgen: Man ist nervös, überlastet und energielos. Typische Beschwerden sind außerdem Nackenverspannungen, Kopfschmerzen, Spannungen im Kiefergelenk, Zähneknirschen, Rückenschmerzen und Antriebslosigkeit. Anwendungen mit Kristallsalz und Wasser führen neue Energie zu, nehmen die Spannung aus dem Körper und lassen aufatmen.

DIESE ANWENDUNGEN HELFEN

- Regelmäßig verdünnte Kristallsole trinken;
- ab und zu ein Vollbad mit 1-prozentiger Solelösung (1,2 kg Kristallsalz auf 120 l Wasser bei 37 °C); beim Baden leise entspannende Musik hören und einen Melissentee trinken, eine Duftlampe mit ätherischem Lavendelöl aufstellen und tief durchatmen;
- ab und zu ein Besuch im Floatorium – das regt die Bildung von Glückshormonen und Endorphinen an;
- Salzkristall-Lampen, am besten in orange, in den Räumen aufstellen, in denen Sie sich häufig aufhalten (Arbeitsplatz, Wohn- und Schlafzimmer);
- vor dem Schlafengehen ein ansteigendes Fußbad mit 10-prozentiger Solelösung; mit 35 °C beginnen, langsam heißes Wasser zufließen lassen, bis 39 bis 40 °C erreicht sind; Dauer: 10 bis 15 Minuten;
- bei Spannungszuständen so oft wie möglich eine Massage mit Entspannungs-Kristallöl: dafür 50 ml Sesamöl mit 50 ml Olivenöl, 3 TL konzentrierter Kristallsole und je 3 Tropfen der ätherischen Öle Ylang-Ylang, Neroli und Muskatellersalbei mischen und sanft am ganzen Körper einmassieren.

Tipps:

- Erlernen Sie eine Meditationsform oder besuchen Sie einen Yoga-Kurs. Fügen Sie die erlernte Methode in Ihren Tagesablauf ein.
- Kurmäßig 4 Wochen lang 3-mal täglich 150 mg Magnesium als Anti-Stress-Mineral einnehmen.
- Lassen Sie sich von einem in der Bach-Blüten-Therapie kundigen Heilpraktiker oder Arzt eine für Sie passende Bach-Blüten-Mischung zusammenstellen. Diese Blütenessenzen wirken durch sanftes Wiederherstellen des Gleichgewichts bei negativen Gefühls- und Spannungszuständen.

ÜBERGEWICHT (ADIPOSITAS)

Erschreckend viele Menschen leiden heute an Übergewicht. Dabei ist krankhaftes Übergewicht ein Risikofaktor für Erkrankungen wie Bluthochdruck, Diabetes mellitus, erhöhten Cholesterinspiegel, Arterienverkalkung oder Gicht. Die Gründe dafür sind vielfältig. Häufig werden Persönlichkeitsprobleme und Aggressionen »weggegessen«, oder es fehlt schlicht und einfach an Bewegung bei einer gleichzeitigen »Überernährung«. In Einzelfällen kann es sich aber auch um Fettstoffwechselstörungen oder eine hormonelle Erkrankung wie Schilddrüsen- oder Hypophysenunterfunktion handeln. Wer sein Gewicht regulieren möchte, kann parallel zur Ernährungsumstellung seinen Stoffwechsel und die Entgiftungsfunktionen mithilfe von Kristallsole anregen.

DIESE ANWENDUNGEN HELFEN

- Täglich 1 Teelöffel konzentrierte Kristallsole in einem Glas Quellwasser trinken, um den Stoffwechsel gezielt anzuregen;
- täglich mindestens 2,5 bis 3 Liter Quellwasser trinken, um freiwerdende Schlacken auszuspülen;

Beschwerden von A–Z

- morgens den Körper zur Anregung des Stoffwechsels trocken mit einer Bürste massieren, kurz abduschen, mit gemahlenem Kristallsalz abrubbeln, antrocknen lassen; dann wechselwarm duschen;
- 2-mal pro Woche ein kühles Vollbad (35–30 °C) mit 1-prozentiger Solelösung (1 kg Kristallsalz auf 100 l Wasser); die Konzentration kann gesteigert werden; wenn Sie an Rheuma oder einer Blasenerkrankung leiden, sollten Sie die Temperatur auf 37 °C halten und nicht niedriger gehen;
- 2-mal pro Woche ein Saunagang mit Salzpeeling (siehe Seite 32);
- 1-mal pro Woche das Salzhemd, um die Entgiftungsfunktionen anzuregen;
- 1-mal pro Woche ein Öl-Salz-Peeling des ganzen Körpers zur Entschlackung (siehe Seite 31);
- wer gezielt an Bauch oder Oberschenkeln abnehmen will, macht 1-mal pro Woche Kompressionswickel mit 5-prozentiger Solelösung (100 g Kristallsalz auf 2 l Wasser): mit Solelösung getränkte Bandagen mit kurzem Zug um die entsprechenden Körperteile wickeln, in eine Decke hüllen und 1 Stunde schwitzen, danach abduschen (siehe Seite 28);

Tipps:

- Eine Diät macht nur Sinn, wenn Sie Ernährung und Lebensstil grundlegend umstellen, sonst kommt es schnell zum Jojo-Effekt.
- Ernähren Sie sich hauptsächlich von reichlich Obst, Gemüse und Salat. Davon können Sie so viel essen, wie Sie möchten. Verzichten Sie gleichzeitig auf Alkohol, Zucker und tierische Fette.
- Bewegen Sie sich täglich. Am besten sind Ausdauersportarten wie Walken, Joggen, Rad fahren. Für Menschen, die ihren Körper lieber zu Hause in Schwung bringen möchten, ist ein Minitrampolin gut geeignet.

Hinweis:

Wenn Sie beginnen, Ihre Ernährung umzustellen, gleichzeitig Kristallsole benutzen und an Gewicht verlieren, kann es zu einer intensiven Mobilisierung von Giften aus dem Fettgewebe kommen. Dabei können auch lang verdrängte Persönlichkeitsprobleme hochkommen, die hinter dem Übergewicht verborgen waren. Suchen Sie sich am besten psychotherapeutische Begleitung für diesen Heilungsprozess.

Verschlackung des Körpers

Schlacken im weitesten Sinne sind Stoffe, die sich im Gewebe abgelagert haben, aber für die Funktion des Körpers nicht notwendig sind und ihn unnötig belasten. Ein perfekt funktionierender Organismus, der optimal mit Nahrung, Wasser, Bewegung, Ruhe, emotionaler Zuwendung und sinnerfüllendem Lebensinhalt versorgt ist, bildet weniger Schlacken beziehungsweise kann sie auch wieder ausscheiden. Doch das trifft heute nur noch für die wenigsten Menschen zu.

Bei Schlacken handelt es sich um Säuren in neutralisierter oder auskristallisierter Form, um anorganische Materialien wie Kalk, verhärtete Schleimdepots, Cholesterin und andere organische Verbindungen, die mit Kalzium die Blutgefäße auskleiden, Eiweißstoffwechselprodukte, Gifte in den Fettspeicherzellen wie Herbizide, Pestizide, Schwermetalle sowie stagnierende Kotreste im Dickdarm. Die Liste ließe sich noch fortsetzen. Die Ursachen sind meist ein Überfluss an Fleisch, Fett und Genussmitteln, aber auch an Lärm und Stress, denen ein Mangel an Entspannung, Bewegung, Sonnenlicht, Wasser und energiereichen Lebensmitteln gegenübersteht. Kristallsole aktiviert die Schlackendepots und spendet Energie, ausreichend Quellwasser bringt die Schlacken schließlich zur Ausscheidung.

Diese Anwendungen helfen

- Täglich verdünnte Kristallsole trinken;
- täglich 2 bis 3 Liter Quellwasser trinken;
- mehrmals pro Woche ein Vollbad mit 1-prozentiger Kristallsole (1,2 kg Kristallsalz auf 120 l Wasser), Badetemperatur 37 °C; dem Badewasser eventuell noch 2 Esslöffel Natriumbikarbonat (Kaiser-Natron aus der Apotheke) zufügen, um noch mehr Säuren aus dem Körper zu ziehen;
- morgens eine Lymphmassage des ganzen Körpers; dafür mit einem Massagehandschuh und nur leichtem Druck immer in Richtung Herz streichen, danach den Körper anfeuchten, gemahlenes Kristallsalz einmassieren, kurz antrocknen lassen und abwechselnd warm und kalt abduschen;
- 1-mal pro Woche oder kurmäßig 1 Woche lang täglich einen Einlauf mit 1-prozentiger Sole (10 g Kristallsalz auf 1 l körperwarmes Quellwasser); regt den Darm und alle Entgiftungsorgane an;
- 2-mal pro Woche Sauna mit Salzpeeling: vor dem ersten Saunagang abduschen, gemahlenes Kristallsalz auf den ganzen Körper auftragen und einmassieren, dann in die Sauna gehen (siehe Seite 32);
- 1-mal in der Woche ein Öl-Salz-Peeling zum Abtransport vor allem fettlöslicher Gifte (siehe Seite 31).

Tipps:

- **Die Nahrung lange und gründlich kauen, so kann sie besser verdaut werden und bildet weniger Schlacken. Weniger essen. Basische Kost wie Obst, Gemüse und Salate vorziehen und nicht nach 18 Uhr essen. Komplett auf Genussmittel wie Zucker, Kaffee und Alkohol verzichten.**
- **Täglich basenbildende Kräutertees trinken.**
- **Täglich 20 Tabletten Spirulina-Algen oder ein Basenpulver einnehmen.**

WARZEN

Die Neigung zu Warzen ist veranlagt, die Warzenbildung wird meist durch Viren ausgelöst. Daher ist eine ganzheitliche Behandlung vonnöten, da zuerst das Milieu im Körper normalisiert werden muss. Wer versucht, Warzen nur von außen zum Verschwinden zu bringen, hat selten durchschlagenden Erfolg, da sie dann einfach an einer anderen Stelle wieder auftauchen.

DIESE ANWENDUNGEN HELFEN

- Tägliches Trinken verdünnter Kristallsole zur Harmonisierung des Körpermilieus;
- Warzen mindestens 3-mal täglich mit konzentrierter Sole betupfen;
- über Nacht Kristallsole-Peloid auf die Warzen auftragen und mit einem feuchten Verband bedecken; morgens abwaschen;
- je nachdem, wo die Warzen sitzen, täglich Hand-, Arm- oder Fußbäder von 15 Minuten (10g Salz auf 1 l Wasser oder eine höhere Konzentration) durchführen.

WIRBELSÄULENBESCHWERDEN

Die häufigste Ursache für Wirbelsäulenbeschwerden sind Abnutzungserscheinungen, die sich mit zunehmendem Alter durch Bewegungsmangel noch verschlimmern. Weitaus seltener sind Verletzungen der Wirbelsäule, angeborene Wirbelanomalien oder Erkrankungen wie etwa Morbus Bechterew (Entzündung der Wirbelsäule). Auch Muskelverspannungen können an der Wirbelsäule zu Problemen führen, wenn der Zug der Muskeln auf das Skelett zu stark wird. Die auftretenden Schmerzen lassen sich sehr gut durch Wärmeanwendungen mit Wasser und Salz lindern.

Beschwerden von A–Z

Diese Anwendungen helfen

- Tägliches Trinken von verdünnter Kristallsole, um die Knochen mit ausreichend Mineralien und Spurenelementen zu versorgen;
- täglich 2 bis 3 Liter Quellwasser trinken, um Bandscheiben und Knorpel elastisch zu halten;
- Soleumschläge mit 10-prozentiger Sole (100 g Salz auf 1 l warmes Wasser) oder mit höherer Konzentration; wählen Sie die Temperatur so warm, wie es Ihnen angenehm ist;
- die trockene Salzauflage wirkt angenehm schmerzlindernd: dazu das Salzsäckchen im Backofen (nicht in der Mikrowelle) auf etwa 60 °C erwärmen und auf den betroffenen Wirbelsäulenabschnitt legen; abnehmen, wenn das Säckchen erkaltet ist;
- bei akuten Schmerzen Soleschlick auftragen, ein warmes Tuch darüber legen, nach 1 bis 2 Stunden abwaschen und danach eincremen;
- 1- bis 3-mal pro Woche ein Vollbad mit 1- bis 3-prozentiger Kristallsole (mindestens 1 kg Kristallsalz auf 100 l Wasser);
- regelmäßiger Besuch eines Floatoriums zur Schmerzlinderung und Entspannung;
- die betroffenen Stellen beziehungsweise die gesamte Wirbelsäule täglich 1- bis 3-mal mit Wirbelsäulen-Kristallöl einreiben: dafür 100 ml Johanniskrautöl mit 3 Teelöffeln Kristallsole mischen, vor Gebrauch gut durchschütteln und sanft einmassieren.

Tipps:

- Bleiben Sie trotz Ihrer Schmerzen auf jeden Fall in Bewegung, gehen Sie zumindest täglich spazieren oder schwimmen.
- Reduzieren Sie eventuell vorhandenes Übergewicht – jedes Kilo weniger entlastet Ihre Wirbelsäule, die Schmerzen werden weniger.

ZAHNFLEISCHENTZÜNDUNGEN

Zahnfleischentzündungen können kurzfristig durch Verletzungen oder chronisch durch bakterielle Beläge, ungenügende Mundhygiene, Vital- und Mineralstoffmangel, hormonelle Störungen wie Zuckerkrankheit (Diabetes mellitus) oder Schilddrüsenunterfunktion, aber auch durch Schwermetallbelastungen und Störungen der Darmflora auftreten. Schwierig wird es, wenn die Entzündung auf den gesamten Zahnhalteapparat übergreift (Parodontitis) und Stützgewebe verloren geht. Zudem erhöht Parodontitis das Herzinfarktrisiko. Meistens findet sich bei Zahnfleischentzündungen eine Übersäuerung der Mundhöhle. Hier kann Sole den pH-Wert neutralisieren und eine gesunde Mundflora wiederherstellen, wodurch Zahnstein und Karies vermieden werden. Deswegen wird Salz schon seit Jahrhunderten zur Zahnpflege empfohlen, unter anderem in der ayurvedischen Medizin und von Hildegard von Bingen.

Diese Anwendungen helfen

- Täglich verdünnte Kristallsole zur Versorgung mit Mineralien und Spurenelementen trinken;
- Zähne mit konzentrierter Sole putzen; dabei sollten Sie die Sole auch immer wieder zwischen den Zähnen durchziehen;
- stark zahnfleischkräftigend wirkt Kristallölziehen: dafür 3 Teelöffel Kristallsole mit 100 ml Oliven- oder Sesamöl verschütteln; morgens nüchtern 1 Esslöffel Kristallöl in den Mund nehmen und 10 bis 20 Minuten kauen und durch die Zähne ziehen; danach ausspucken und Zähne und Zunge reinigen;
- Zahnfleischmassage mit Kristallsalz: den Zeigefinger mit Wasser anfeuchten, gemahlenes Kristallsalz auftragen und damit das gesamte Zahnfleisch kräftig massieren, bis sich das Salz aufgelöst hat.

Tipps:

> - Zahnfleischbluten kann in der ersten Zeit der Umstellung von Zahnpasta auf Salz zur Mundpflege schlimmer werden. Keine Angst, schon nach kurzer Zeit wird Ihr Zahnfleisch bereits wesentlich gesünder und fester.
> - Nehmen Sie zusätzlich über mehrere Wochen täglich 3-mal 500 mg Vitamin C ein, das reduziert die Entzündung des Zahnfleisches. Wer das Vitamin C nicht in Tablettenform einnimmt, sodass es in direkten Kontakt zu den Zähnen kommt, bitte sofort die Zähne spülen oder putzen, da die Säure die Zähne angreift.

ZELLULITE (ORANGENHAUT)

Bei Zellulite handelt es sich um einen Elastizitätsverlust (Degeneration) der direkt unter der Haut gelegenen Bindegewebsfasern, der mit Wasser- und Fetteinlagerungen – vorzugsweise an den Oberschenkeln und am Po, aber auch am Bauch und an den Oberarmen – einhergeht. Betroffen sind vorzugsweise Frauen. Es kommt dann zur unschönen Orangenhaut, die sich mit Einziehungen und Verquellungen im Hautbild äußert. Ursachen für die Zellulite sind zum einen eine Säureüberfrachtung des Bindegewebes, ein relativ hoher Östrogenspiegel, Lymphstauungen sowie eine Veranlagung zur Bindegewebsschwäche.
Kristallsole kann hier hervorragend helfen, denn sie wirkt der chronischen Übersäuerung von innen wie von außen entgegen. Es ist wichtig, die individuellen Verursacher der Säurebildung zu reduzieren sowie gleichzeitig dem Körper ausreichend Mineralstoffe und Spurenelemente zuzuführen, um die Säuren schließlich neutralisieren zu können. Es kann allerdings drei Monate und mehr dauern, bis die ersten Erfolge sichtbar werden.

DIESE ANWENDUNGEN HELFEN

- Regelmäßig verdünnte Kristallsole zur Anregung des Stoffwechsels und zur Versorgung mit Mineralien und Spurenelementen trinken;
- täglich 2 bis 3 Liter Quellwasser oder mehr zum Abtransport von Schlacken trinken;
- morgens die betroffenen Stellen mit einem Zelluliteroller oder einer Massagebürste behandeln, danach die Haut anfeuchten, gemahlenes Kristallsalz einmassieren, bis es sich aufgelöst hat, kurz antrocknen lassen, danach duschen;
- 1- bis 2-mal täglich Anti-Zellulite-Kristallöl in die betroffenen Stellen einmassieren: dafür 50 ml Haselnussöl mit 50 ml Traubenkernöl, 3 TL konzentrierter Kristallsole und je 6 Tropfen ätherischem Öl von Zypresse und Ingwer verschütteln; die Wirkung des Öls wird verstärkt, wenn Sie vor der Anwendung gemahlenes Kristallsalz in die feuchte Haut einmassieren, bis es sich aufgelöst hat, und dann heiß duschen;
- täglich oder jeden zweiten Tag ein Vollbad mit 1-prozentiger Solelösung (1,2 kg Salz auf 120 l Wasser bei 37 °C) und 2 Esslöffel Natriumbikarbonat (Kaiser-Natron aus der Apotheke) zur Ausleitung von Säuren über die Haut; Dauer: 45 Minuten bis zu 2 Stunden (bei Herz-Kreislauf-Erkrankungen höchstens 30 Minuten); während des Badens die betroffenen Stellen immer wieder kräftig mit einem griffigen Waschlappen oder einer Massagebürste abreiben;
- zur Stärkung der Entgiftungsfunktion kurmäßig für 2 bis 3 Wochen täglich einen Leberwickel mit 10-prozentiger Solelösung (50 g Salz auf 500 ml heißes Wasser) durchführen; ein Baumwolltuch eintauchen, auswringen, auf die Leber legen; den Bauch mit trockenem Handtuch umwickeln, Wärmflasche auflegen; Dauer: 30 Minuten;
- 1- bis 2-mal pro Woche einen Kompressionswickel mit 5-prozentiger Solelösung (100 g Salz auf 2 l

Tipps:

- Finden Sie unbedingt Ihre persönlichen Säureverursacher und eliminieren oder reduzieren Sie diese. Säurelieferanten können sein: Nikotin, Kaffee, schwarzer Tee, Alkohol, Süßigkeiten, Weißmehl, Fleisch, zu viel Fett, süße oder kohlensäurehaltige Getränke, Schmerzmittel, Pille, Zahngifte, körperliche Überanstrengung, Stress, Angst oder Ärger.
- Häufig braucht es eine Darmsanierung, um der Zellulite Einhalt zu gebieten.
- Bringen Sie Ihre Lymphpumpe mit Bewegung auf dem Minitrampolin, mit Spazierengehen, Joggen oder Gymnastik in Gang.
- Versorgen Sie sich reichlich mit Mineralstoffen und Spurenelementen mithilfe von Spirulina-Algen, Basenpulvern, Kräutertees, Obst und Gemüse.

warmes Wasser); mit Sole getränkte Bandagen mit kurzem Zug um die betroffenen Stellen wickeln, in eine Decke hüllen und 1 Stunde leicht schwitzen; währenddessen eine Wärmflasche auf die Leber legen, das regt die Entgiftung an;
- wer den Kompressionswickel noch verstärken möchte, kann vor der Anwendung das Anti-Zellulite-Kristallöl auf die betroffenen Stellen auftragen.

ZUM NACHSCHLAGEN

BÜCHER, DIE WEITERHELFEN

Alexandersson, Olof: *Lebendes Wasser;* W. Ennsthaler Verlag, Steyr (Österreich)

Batmanghelidj, Faridun: *Wasser – die gesunde Lösung;* VAK Verlag, Kirchzarten bei Freiburg

Hendel, Dr. med. Barbara; Ferreira, Peter: *Wasser & Salz – Urquell des Lebens;* INA Verlag, Herrsching

Temelie, Barbara: *Ernährung nach den Fünf Elementen;* Joy Verlag, Sulzberg

ADRESSEN, DIE WEITERHELFEN

Heilstollen
Salzbergwerk Berchtesgaden, Bergwerkstraße 83, 83471 Berchtesgaden
Internet: www.salzbergwerk-berchtesgaden.de, www.salzwelt.de

Kristallsalz
Landkaufhaus Mayer GmbH, Vachendorfer Straße 3, 83313 Siegsdorf
Internet: www.kristallsalz.de

Wasseraufbereitung
Wasserstelle München, Fraunhoferstraße 13, 80469 München
Internet: www.wasserstelle.de

Zum Nachschlagen

Register

Armbad 24
Arteserquelle 10
Augenbadewanne 21
Augenkompresse 28
Augenspülung 20, 21
Bauchbinde 28
Dampfdestillation 7
Darmspülung 22
Einlauf 22
Einreibungen 25
Energetisierungszyklus 8
Floatorium 25
Frequenzmuster 6
Fußbad 24
Gesichtskompresse 41
Gitterstruktur, kristalline 5
Gradierwerk, Inhalation 35
Halit 13
Handbad 24
Haut 13
Heilstollen 32
Heilwasser 8
Himalaya-Salz 14
Hunza-Salz 14
Inhalation 33
Ionenaustauscher 7
Ionisator 34
Kochsalz 11
Kolloide 9
Kompresse 28
Kompressionswickel 28
Kosmetiktipps 36
Deodorant 37

Gesichtswasser 37
Haaröl 39
Haarwasser 38
Körperpflegeöl 37
Massageöl 38
Kristallölziehen 63, 90
Kristallsalz 13, 15
Kristallsalz-Ionisator 34
Kristallsole, konzentrierte 17, 20
Kristallsole-Herstellung 18
Kristallsole-Mischungen
Anti-Zellulite-Öl 92
Cajeputöl 46
Entspannungsöl 83
Haarwasser 55
Kamillenöl 53
Leberöl 57
Muskelöl 63
Narbenöl 69
Nasenspray 65
Ohrschmerzöl 61
Rheumaöl 76
Rosenöl 53
Salbeiöl 66
Wirbelsäulenöl 89
Zitronen-Gesichtswasser 52
Laist 30
Lebensenergie 4
Luftbefeuchtung 33
Lymphmassage 87
Meersalz 12
Mineralwasser 8, 9

Mundspülung 21
Nasenöl 41
Nasenspülung 20
Natriumchlorid 11, 12
Öl-Salz-Peeling 31
Osmose 7, 11
Quellwasser 7, 8, 10
Salzauflagen 29
Salzhandschuhe 27
Salzheilstollen 32
Salzhemd 27
Salzkauen 20
Salzkristall-Lampen 35
Salz-Herkunft 14
Salzpeeling 32
Salzsocken 27
Sitzbad 24
Sole 16
Solebad 22f.
Solepeloid 30
Soleschlick-Maske/ -Umschlag 30
Sole-Teilbad 24
Sole-Trinkkur 18
Späleotherapie 32
Spülungen 20
Steinsalz 13
Stirnkompresse 28
Tafelwasser 8
Totes-Meer-Salz 23
Trinkmenge 8
Trinkwasser energetisieren 7, 19
Umschläge 26
Vaginalspülung 22
Wadenwickel 26
Wasserqualität 9

IMPRESSUM

© 2003 Gräfe und Unzer Verlag GmbH, München
Alle Rechte vorbehalten. Nachdruck, auch auszugsweise, sowie Verbreitung durch Film, Funk, Fernsehen und Internet, durch fotomechanische Wiedergabe, Tonträger und Datenverarbeitungssysteme jeder Art nur mit schriftlicher Genehmigung des Verlages.

Redaktionsleitung: Ulrich Ehrlenspiel
Redaktion: Silvia Herzog
Lektorat: idee & text, Gabriele Heßmann
Gestaltung: independent Medien-Design GmbH, München
Produktion: Helmut Giersberg
Fotos: Studio R. Schmitz: U1 und U4 (2), N. Olonetzky: U4 (Gesicht), S. Döppel: U4 (Fußbad), Jump/A. Falck: U4 (Schälchen mit Salz)
Satz: Filmsatz Schröter GmbH, München
Druck und Bindung: Ludwig Auer GmbH, Donauwörth

ISBN 3-7742-6045-1

Auflage   5.   4.   3.   2.   1.
Jahr   2007 06   05   04   03

Ein Unternehmen der
GANSKE VERLAGSGRUPPE